Miriam Heun

Kinderwagen- & Tragetouren in und um Hamburg

Sonderteil Lüneburger Heide

Die 50 schönsten (Wander)Wege und Ausflugsziele
für das Baby- und Kleinkindalter

Hrsg. Elisabeth Göllner-Kampel

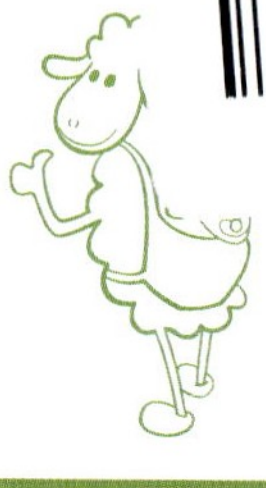

wandaverlag.at

Ich freue mich über Rückmeldungen, Eindrücke und Anregungen an:
office@wandaverlag.com.

Cover: Brigitte Haid
Satz: Alexandra Bründl
Layout: Julia Weinert, Manuel Thomasser, Melanie Eichhorn
Fotobearbeitung: Brigitte Haid
Kartografie: Dorota Konieczka
Illustrationen: Melanie Eichhorn, Sabine Köth
Lektorat: Johanna Weber, www.lektorat-weber.at

ISBN: 978-3-902939-14-2
Kinderwagen- & Tragetouren in und um Hamburg. Sonderteil Lüneburger Heide.
Die 50 schönsten (Wander)Wege und Ausflugsziele für das Baby- und Kleinkindalter.
Wandaverlag, Römerstraße 16, A-5081 Anif b. Salzburg, www.wandaverlag.com
2021

Gedruckt nach der Richtlinie des Österreichischen Umweltzeichens „Druckerzeugnisse", Buch Theiss GmbH, Nr. 869

Klimaneutral
Druckprodukt
ClimatePartner.com/10944-2103-1001

Umschlagfoto: Boberger Niederung, Lohbrügge; Fotografin: Miriam Heun
Fotos: Alle Fotos wurden von der Autorin erstellt.

Kleine Danksagung
An dieser Stelle möchte ich einigen lieben Menschen danken, ohne die das Buch so nicht entstanden wäre! Danke an Reik, dass Du immer mit Eifer und großem Spaß gewandert bist soweit dich die kleinen Füße getragen haben, an meine Eltern für die zahlreichen schönen Ausflüge sowie an Jaqueline und Louis. Mein besonderer Dank geht an meinen Mann Johannes für seine Geduld und Unterstützung!

Inhaltsangabe

Liebe Eltern!

Auf einer Reise ins österreichische Vorarlberg waren wir auf der Suche nach einem Wanderführer, welcher auch kinderwagentaugliche Touren anbot, da unser Sohn so gar kein Tragetuchbaby war. Von der Buchreihe des Wandaverlages waren wir so begeistert, dass wir einige Touren daraus auf unserem Reiseblog vorstellten.
Schnell war der Kontakt zu Elisabeth aufgebaut, eines ergab das andere, und ehe wir uns versahen, waren wir selber mittendrin im Zusammenstellen von Kinderwagen- und Tragetuchtouren für Hamburg und Umgebung.
Fortan durchstreiften wir die Wiesen, Wälder, Parks und Moore unserer schönen Hansestadt, die zu den grünsten Großstädten Deutschlands zählt, und fanden neben den uns bereits bekannten Orten viele noch unbekannte Ecken.
Als Baby verschlief unser Sohn die meisten Touren und genoss es einfach nur an der frischen Luft zu sein. Im Kleinkindalter, mit steigendem Bewegungs- und Entdeckungsdrang, hatten die Touren schon andere Ansprüche, denn nun wurden eifrig Stöckchen und Steinchen gesammelt, Tiere beobachtet, der Waldboden akribisch untersucht oder auf Spielplätzen getobt.
50 Wanderungen für Kinderwagen und Tragen haben es in dieses Büchlein geschafft, welches euch Anregungen für viele tolle Draußen-Erlebnisse geben soll. Dabei gibt es einfache, kurze Strecken genauso wie lange, anspruchsvollere Touren. Manche für Kinderwägen, andere ausschließlich für die Trage empfohlen. Wieder andere Touren sind perfekt für Lauf- oder Fahrräder geeignet.
Packt die Lütten ein, kommt mit uns raus und entdeckt die grüne Seite Hamburgs!

Eure Miriam & Familie

Die Autorin

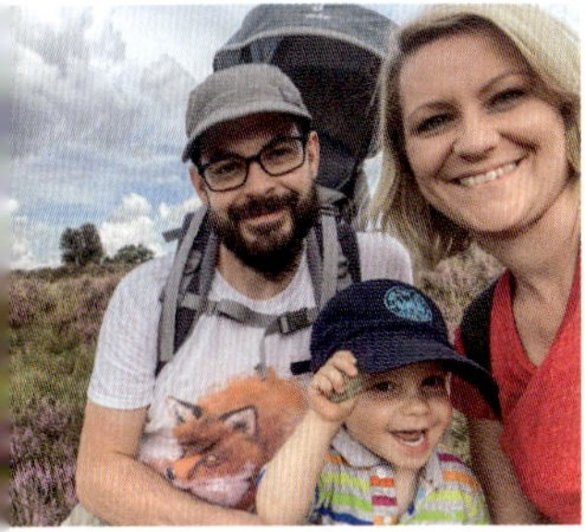

Miriam Heun ist gebürtige Hamburgerin, lebt aber seit ein paar Jahren mit ihrem Mann und ihrem Sohn in Schleswig-Holstein. Viele Wanderwege in und um Hamburg kennt sie noch aus ihrer eigenen Kindheit und genießt es, diese nun mit ihrer eigenen Familie wiederzuentdecken. Neben ihrem Brotjob betreibt Miriam ihren Reiseblog "North Star Chronicles". Dort schreibt sie nicht nur über die weite Welt, sondern auch über Wanderungen und Ausflugsziele mit der Familie in Norddeutschland.

Weitere Wanderbücher von uns gibt es u.a. für folgende Gebiete:

Kinderwagen- & Tragetouren **um und in München**

Über 50 besonders lohnende Wege & Ausflugsziele

ISBN: 978-3-9502908-6-8

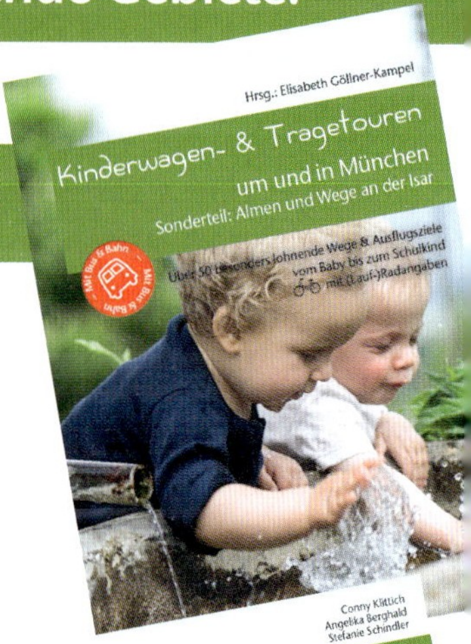

Tragetuch- & Kraxentouren **Bayerische Alpen und Tirol**

45 Hüttenziele und Gipfel von leicht bis schwierig

ISBN: 978-3-902939-08-1

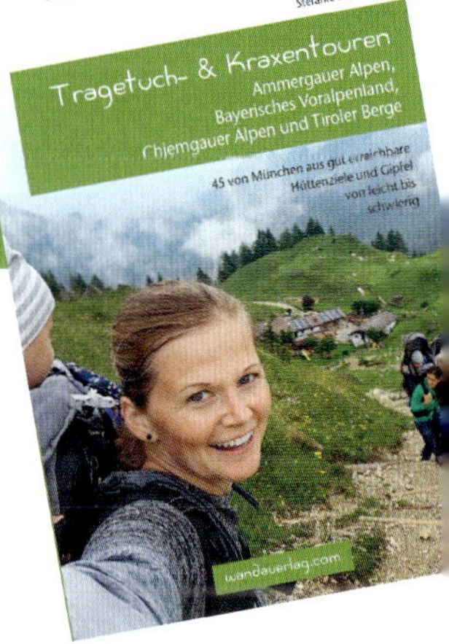

Überblickstabelle der Wanderungen

Länge in km	Schatten	Hochsommer/ Baden	Regen	Winter / Rodeln	Rad	Trage	Bus/ Bahn
3,8	◕	X/-	-	X/-	X	-	🚌
3,8	◑	X/-	-	X/-	X	-	🚌
3,7	◕	X/-	X	X/X	X	-	🚌
2,6	◕	X/X	X	X/-	X	-	🚌
5,4	●	X/-	X	X/-	X	-	🚌
4,8	◑	X/-	X	-/-	(X)	-	-
2,7	◑	X/-	X	X/-	X	-	🚌
2,4	◑	X/-	X	X/-	X	-	🚌
1,2	◑	X/X	X	X/-	X	-	🚌
1,8	◕	X/-	-	X/-	X	-	🚌
3,3	●	X/-	X	X/-	X	-	🚌
2,4	◔	X/X	-	X/-	X	-	🚌
3,4	◑	X/-	-	-/-	X	-	🚌
4,3	◔	X/X	-	X/X	X	-	🚌
3,3	◔	X/X	-	X/X	X	-	🚌
3,6	◑	-/-	-	-/-	X	-	-
3,8	◕	X/-	X	X/-	(X)	-	🚌
4,4	●	X/-	X	X/-	X	-	🚌

Länge in km	Schatten	Hochsommer/ Baden	Regen	Winter / Rodeln	Rad	Trage	Bus / Bahn
2,7	◔	-/X	-	X/-	X	-	🚌
3,5	◔	-/X	-	-/-	-	X	🚌
3,8	◑	(X)/X	-	X/X	X	-	-
4,1	◑	X/-	-	X/X	X	-	🚌
3,4	◕	X/-	-	-/-	-	X	🚌
4,2	◑	-/-	-	-/-	(X)	X	-
1,9	◑	X/X	X	X/-	X	-	🚌
4,5	●	X/-	(X)	(X)/-	(X)	X	🚌

Länge in km	Schatten	Hochsommer/ Baden	Regen	Winter / Rodeln	Rad	Trage	Bus / Bahn
7,4	◑	-/-	-	X/-	X	-	🚌
3,3	○	-/-	-	-/-	(X)	-	🚌
8	◔	-/-	-	-/-	X	-	🚌
3,7	◔	X/-	-	X/-	X	-	🚌
6	◔	-/-	-	-/-	-	X	🚌
6	◑	-/-	-	X/X	-	X	🚌
3,2	●	X/-	X	X/-	-	X	🚌
6,2	○	-/-	-	-/-	X	-	🚌
2,1	◑	X/-	X	X/-	-	-	🚌

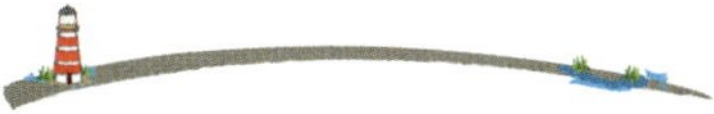

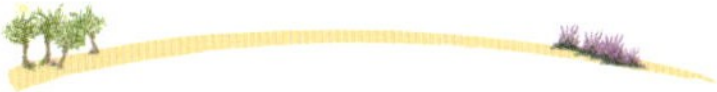

Länge in km	Schatten	Hochsommer/ Baden	Regen	Winter / Rodeln	Rad	Trage	Bus / Bahn
3,3	◑	X/-	X	X/X	X	-	🚌
1,6	◔	-/-	-	-/-	-	-	🚌
4,5	◑	-/-	-	X/X	X	-	🚌
2	◕	X/-	X	X/-	X	-	🚌
2,5	◕	X/X	-	-/-	-	X	🚌
3,6	◕	X/-	X	X/-	-	-	-
4	◔	X/X	-	X/-	(X)	X	🚌
7	○	-/-	-	-/-	X	-	-
5	○	-/-	-	-/-	X	-	🚌
3,7	◑	X/-	-	-/-	-	X	🚌

Länge in km	Schatten	Hochsommer/ Baden	Regen	Winter / Rodeln	Rad	Trage	Bus / Bahn
2,9	◔	-/-	-	X/-	-	X	🚌
2,6	◔	-/-	-	X/-	X	-	🚌
3,2	◕	X/-	X	X/-	(X)	X	-
3,9	◔	-/-	-	X/-	(X)	X	(🚌)
4,3	◔	-/-	-	X/-	(X)	X	(🚌)

Zeichenerklärung der Überblickstabelle:

Charakteristik (Char.):

↺ Rundweg (RW)

⇄ gleicher Rück- wie Hinweg

→ 🚌 Rückweg mit Bus oder Bahn

Balken für Dauer:

Die Länge der Balken zeigt an, wie lange die Wanderung für eine Strecke dauert. Bei Rundwegen (RW) wird die Gehzeit für den gesamten Weg angezeichnet. Näheres in der jeweiligen Wegbeschreibung.

Anforderung (Anf.): Näheres zur Anforderung im Kapitel „Zum Gebrauch des Wanderführers".

- Leicht
- Mittel
- Schwer

Schatten: Die dunklen Kreise zeigen an, inwieweit der Weg schattig ist.

- ○ auf der ganzen Route kein Schatten
- ◔ der Weg liegt nur zu ¼ im Schatten
- ◑ die Hälfte der Wegstrecke ist schattig
- ◕ der Großteil der Strecke liegt im Schatten oder auch lichtem Wald
- ● der gesamte Weg liegt im Schatten

X/X, X/-, -/X geben an, ob man im Sommer baden/planschen kann bzw. ob sich der Weg auch im Winter eignet oder man rodeln kann.

Trage: Natürlich kann man grundsätzlich jede Tour mit Trage gehen. Durch die vielen Parks und auf gut ausgebauten Wege durch Moore und Wälder kann man jedoch ganz entspannt mit jeder Art von Kinderwagen laufen. Ein X markiert daher nur Wanderungen, die ausschließlich mit Trage geeignet sind, sowie Touren, die mit Kinderwagen anstrengender und schwerer zu bewältigen sind.

Bus/Bahn: 🚌 gibt an, ob mit öffentlichen Verkehrsmitteln angereist werden kann oder nicht.
In Klammern (🚌) bedeutet, dass der ÖPNV für diese Route nicht empfohlen wird, da er zu unregelmäßig (z.B. nur an Schultagen zu bestimmten Uhrzeiten) fährt. Dennoch ist der AP z.B. mit dem kostenlosen Heide-Shuttle (nur in der Saison) erreichbar.

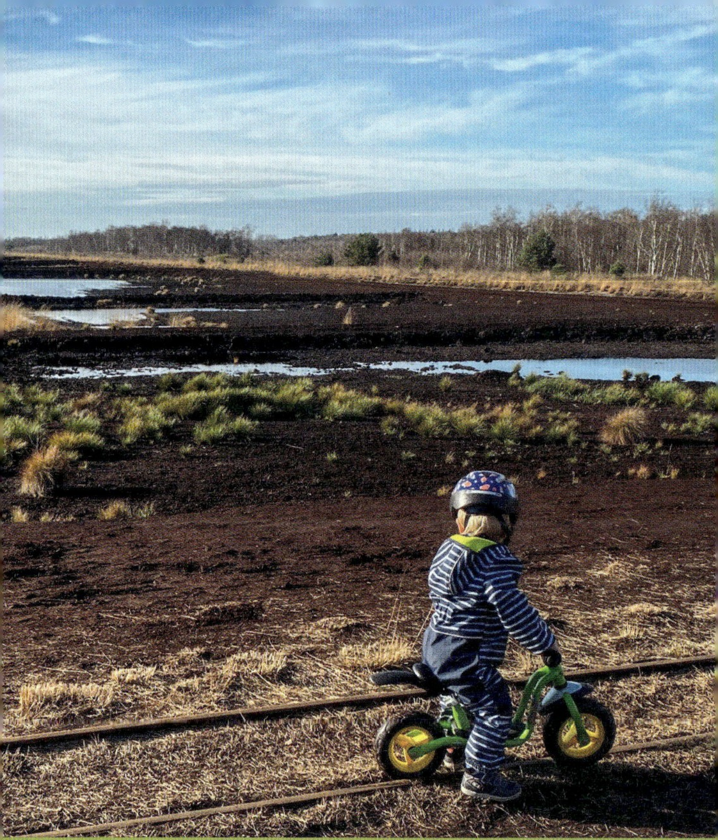

I. Hamburger Norden inkl. Umland

Folge uns auf Instagram: **wandaverlagtoptouren**

1 Raakmoor

Hummelsbüttel

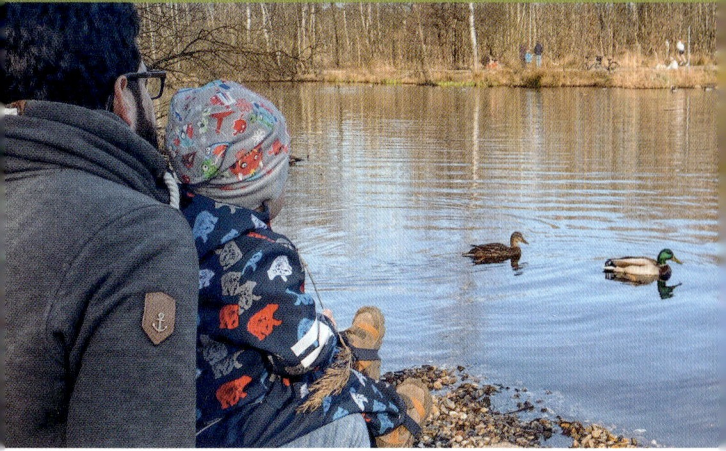

Schöne und abwechslungsreiche Runde, die auch aufgrund der guten Erreichbarkeit gerade an den Wochenenden gerne von Familien genutzt wird. In regelmäßigen Abständen gibt es Picknickmöglichkeiten, einen Spielplatz, verschiedene Aussichtspunkte über das Moor sowie Stellen zum Spielen am Uferbereich des Stausees (bitte gut auf die Kinder aufpassen, der Grund fällt schnell steil ab).

Wetter: | Anforderung: | Gesamtdauer: 1 ¼ h

Anforderung: Leicht; ebener Weg; überwiegend asphaltierte und feine Kies- oder ausgebaute Waldwege.

Dauer: RW: 1 ¼ h; 3,8 km.

Wetter: Typisches Wanderwetter, nach starkem Regen können die Wege matschig sein; 75 % Schatten.

Wanderwert für (Geschwister) Kinder:	
2–3 Jahre:	Spielplatz nach ungefähr einem Drittel des Weges. Aufgrund der Länge empfehle ich zur Unterstützung den Kinderwagen oder die Trage mitzunehmen.
4–6 Jahre:	Siehe 2–3 Jahre.
Kinderfahrrad:	Mit Fahrrad/Laufrad bis zum Spielplatz und dann am besten um den Stausee herum fahren und zurück zum Weg 651.

Navi: 22415 Hamburg, Georg-Clasen-Weg/Am Schulwald. Der Straße Am Schulwald bis Gehlengraben folgen, dann links zum AP.

Anfahrt: Vom Langenhorn Markt den Ring 3 Richtung Poppenbüttel fahren, dann links in die Straße Am Schulwald und wieder links in den Georg-Clasen-Weg abbiegen.

Bus/Bahn: U1 Langenhorn Markt, Bus 24 bis Hst. „Am Schulwald".

Ausgangspunkt/P: AP ist die Bus-Hst. „Am Schulwald" (in Fahrtrichtung zum Langenhorn Markt).

Infos/Gaststätten: *An der Wegstrecke direkt keine Gaststätten, dafür aber am benachbarten Langenhorn Markt eine größere Auswahl.

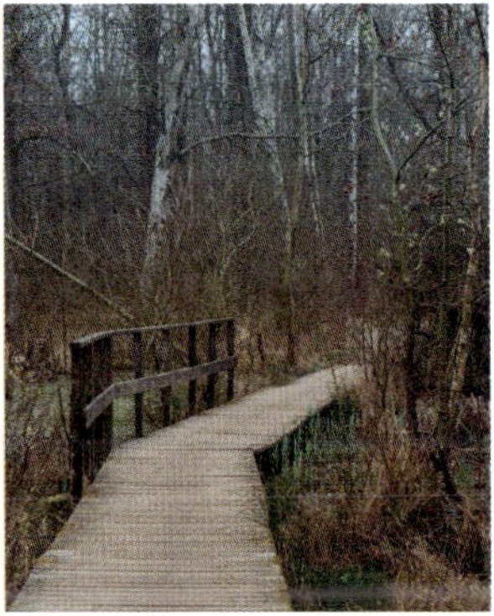

Wegbeschreibung: Direkt am Ausgangspunkt beginnt ein kleiner Weg (Blickrichtung vom Langenhorn Markt weg), der zunächst parallel zur Straße Gehlengraben verläuft. An der Schrebergartensiedlung den Kortenkamp entlang, dann weiter dem asphaltierten Weg 651 folgen. Nach ungefähr 10 Minuten erreicht ihr eine Wiese, auf der es sich herrlich Picknicken oder Ballspielen lässt. Dem Weg 651 weiter folgen bis zum Spielplatz Raakmoorsee.

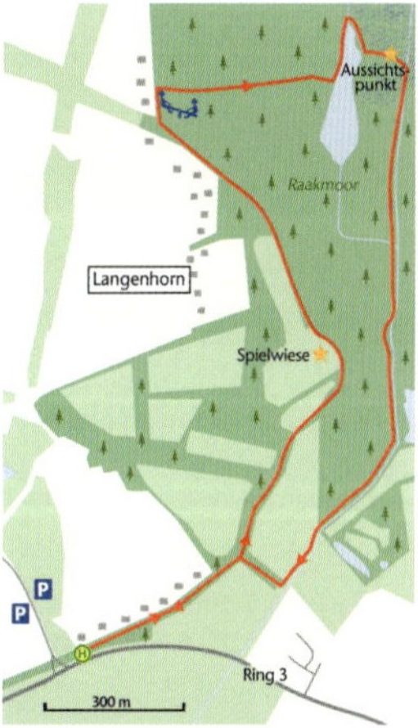

Hier rechts in den Wald bis zum Stausee. Dort links, immer am See entlang. Am Ende des Stausees scharf rechts herum und an der nächsten Wegkreuzung links halten und dem Weg weiter ins Moor folgen. Dieser führt über einen Holzsteg (Kinder auf dem Steg an die Hand nehmen) am Hummelsbüttler Moorgraben entlang. Ab jetzt dem Weg immer geradeaus am Graben entlang folgen bis zum Raakmoorgrund. Hier rechts und dann wieder links in den Kortenkamp einbiegen und zum AP zurück.

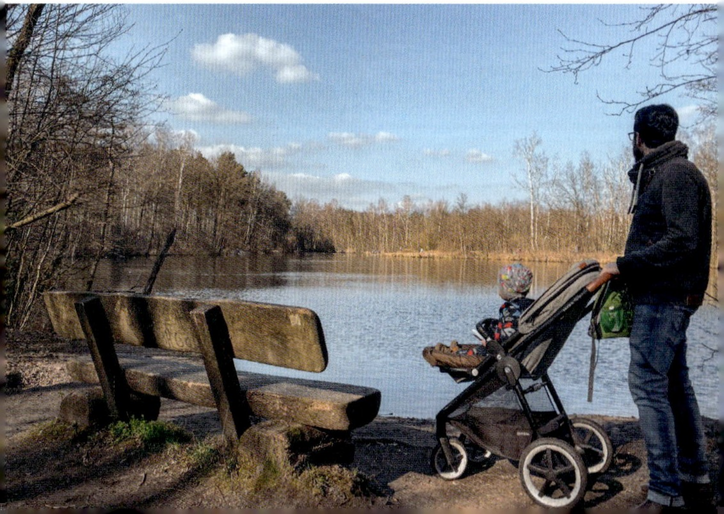

2 Wittmoor

Lemsahl-Mellingstedt: unterwegs im weißen Moor

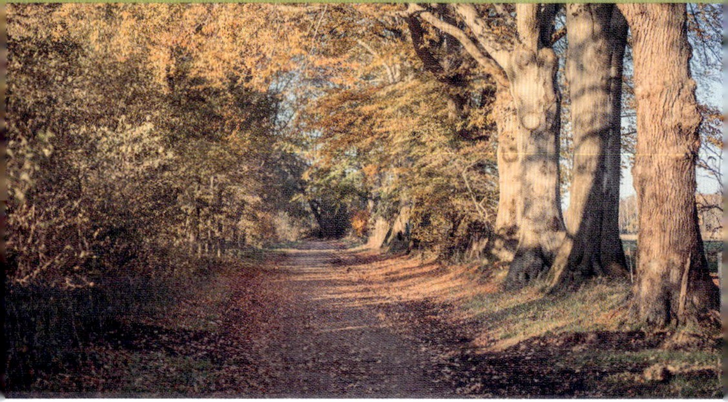

Schöne Runde durch's Wittmoor, auf der ihr sowohl in Hamburg als auch in Schleswig-Holstein unterwegs seid. Die Wanderung ist beliebig ausdehnbar, denn das Gebiet ist sehr gut ausgeschildert. Schon als Kind war es aufregend sich auf dem torfigen Untergrund zu bewegen und von einer der zahlreichen Beobachtungsplattformen aus auf die Suche nach Vögeln und anderen Tieren zu gehen. Wer Glück hat, der sieht sogar (harmlose) Schlangen, die sich in der Sonne aufwärmen.

Wetter: Anforderung: Gesamtdauer: 1 ¼ h

Anforderung:	Leicht; ebener Weg; überwiegend gut begehbare, ausgebaute Waldwege.
Dauer:	RW: 1 ¼ h; 3,8 km.
Wetter:	Typisches Wanderwetter, nach starkem Regen können die Wege matschig sein; 50 % Schatten.

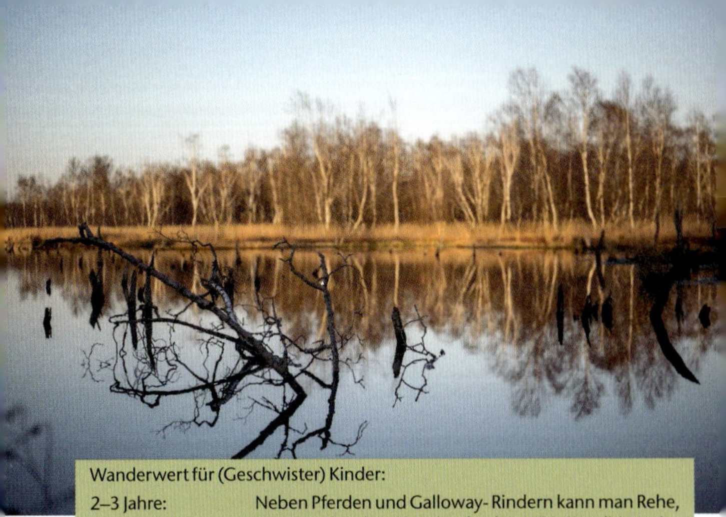

Wanderwert für (Geschwister) Kinder:	
2–3 Jahre:	Neben Pferden und Galloway-Rindern kann man Rehe, Vögel und andere Tiere beobachten. Für Konditionseinbrüche lieber noch den Kinderwagen oder die Trage mitnehmen.
4–6 Jahre:	Für lauffreudige Kinder geeignet. Siehe 2–3 Jahre.
Kinderfahrrad:	Laufrad / Fahrrad sind möglich, müssten aber stellenweise getragen bzw. geschoben werden, da der Weg kurzzeitig sandig und steinig ist. Der alte Damm der Förderbahn ist zu beiden Seiten abschüssig und nicht gesichert. Hier also gut aufpassen.

Navi: 22851 Norderstedt, Lemsahler Weg, beim Boxer-Klub Norderstedt e.V.

Anfahrt: Vom Ring 3 in Hummelbüttel auf die Glashütter Landstraße, dieser folgen, am Friedhof Glashütte vorbei, dann rechts in den Lemsahler Weg einbiegen.

Bus/Bahn: Bus 278 bis Robert-Koch-Straße (Mitte), dann 12 min zu Fuß zum AP.

Ausgangspunkt/P: AP ist die Wegkreuzung Am Wittmoor/Lemsahler Weg direkt beim Boxer-Klub Norderstedt e.V.

Infos/Gaststätten: *An der Wegstrecke gibt es keine Gaststätten. Picknick nicht vergessen.

Wegbeschreibung: In den Weg „Am Wittmoor“ (auf der Straßenseite des Boxer-Klubs Norderstedt e.V.) einbiegen und diesem für ca. 15 Min. geradeaus folgen bis zum Gedenkstein an das KZ Wittmoor. Kurz dahinter folgt eine Wegkreuzung, an der ihr weiter geradeaus geht bis zur Sitzbank und dem Findling mit Wegnummer. Hier rechts abbiegen und ihr kommt auf dem schmalen Damm der ehemaligen Förderbahn nach kurzer Zeit an einen tollen Aussichtspunkt. Weiter geradeaus durchs Moor bis zur nächsten Wegkreuzung, die durch Heidelandschaft geprägt ist. Hier rechts, dem Weg Nr.1 folgen (kurzer, sehr steiniger Abschnitt). Kurz vor einem weiteren Gedenkstein rechts den schmalen Weg Nr. 64 wählen. Diesem folgen und beim Strommast wieder links zum AP zurück.

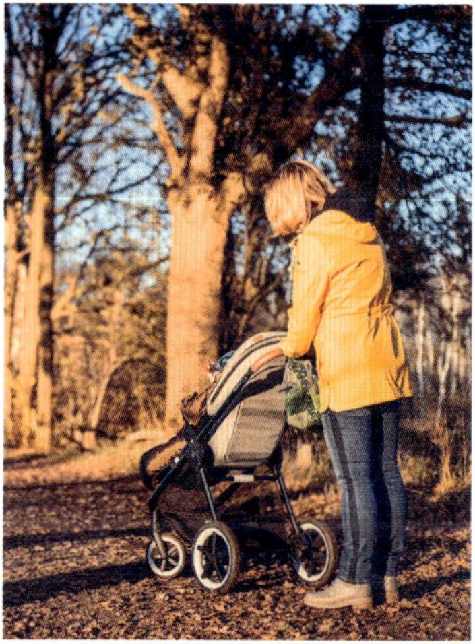

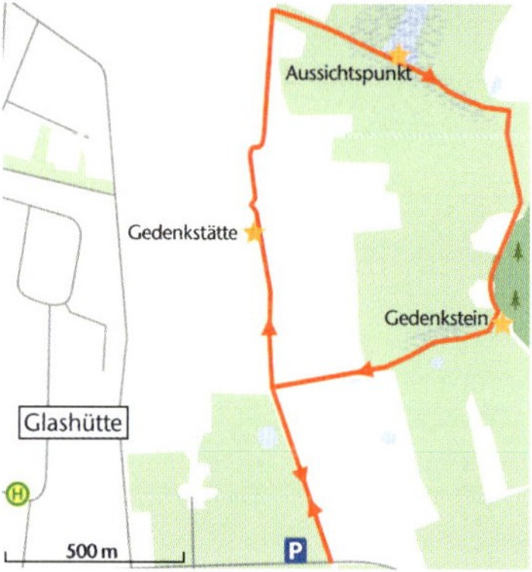

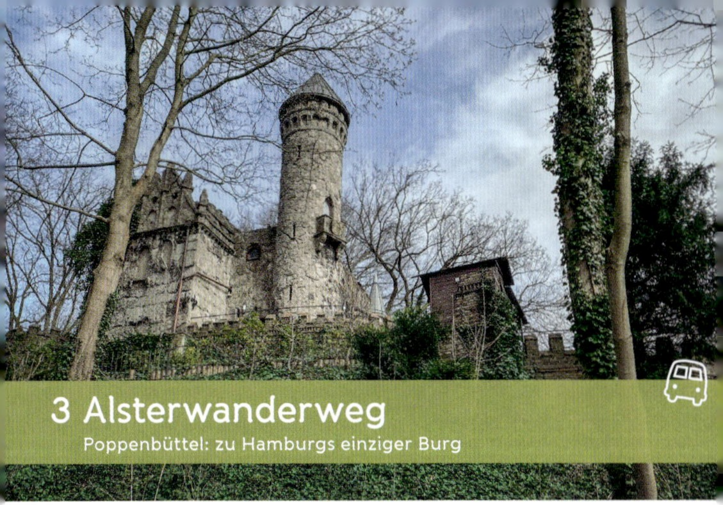

3 Alsterwanderweg

Poppenbüttel: zu Hamburgs einziger Burg

Kleine Rundwanderung entlang des Alsterwanderweges, die sich auch beliebig verlängern lässt. Schon am Anfang des Weges wartet ein wahres Highlight: Hamburgs einzige Burg! Auch wenn es sich hier um einen rund 130 Jahre alten Nachbau im Maßstab 1:4 handelt, ist ihr Anblick gerade für Kinder doch ein tolles Erlebnis. Da sich die Burg in Privatbesitz befindet, kann sie nur in Ausnahmefällen besichtigt werden.

Wetter: Anforderung: Gesamtdauer: 1 ¼ h

Anforderung: Leicht; am Anfang und am Ende kurz bergab/bergauf, kurze Steigung auf der Hälfte des Weges; feiner Kiesweg.

Dauer: RW: 1 ¼ h; 3,7 km.

Wetter: Auch bei leichtem Nieselregen eine schöne Tour, im Winter können die Kinder im Hohenbuchenpark Schlitten fahren; 75 % Schatten.

Wanderwert für (Geschwister) Kinder:	
2–3 Jahre:	Spielplatz nach der Hälfte des Weges. Aufgrund der Länge empfehle ich zur Unterstützung noch den Kinderwagen oder die Trage dabei zu haben.
4–6 Jahre:	Siehe 2–3 Jahre, für gehfreudige Kinder gut geeignet.
Kinderfahrrad:	Ja.

Navi: 22399 Hamburg, Poppenbüttler Markt, bei der Marktkirche. Hier gibt es ausreichend Parkplätze.

Anfahrt: Richtung Poppenbüttel, vom Ring 3 auf den Poppenbüttler Weg abbiegen, bei der Marktkirche rechts in die Poppenbüttler Hauptstraße und gleich wieder rechts auf den Poppenbüttler Markt.

Bus/Bahn: S1 Poppenbüttel, Bus 178, 276.

Ausgangspunkt/P: Bus-Hst. „Poppenbüttler Markt“

Infos/Gaststätten: *The Locks, hochwertige Küche in altem Fachwerkhaus direkt an der Poppenbüttler Schleuse, Tel. 040 6116600, www.the-locks.de.

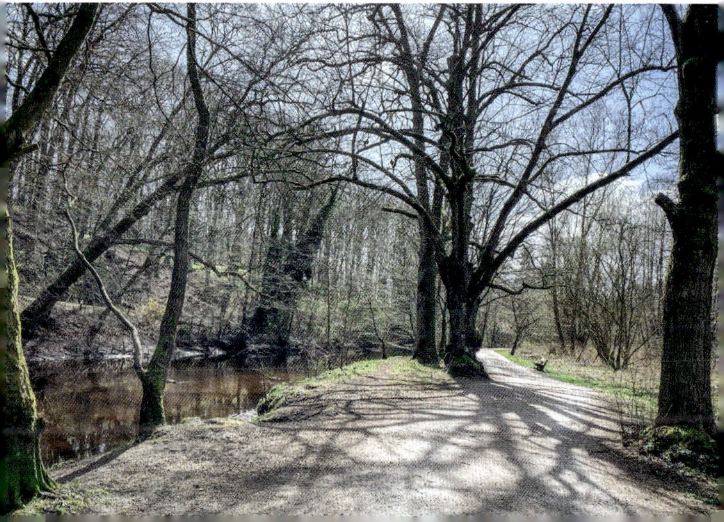

Wegbeschreibung: Vom Ausgangspunkt in die Straße Poppenbüttler Markt einbiegen, bis rechts ein Kopfsteinpflasterweg hinunter ins Alstertal führt. Vorbei an Hamburgs einziger Burg (Henneberg Burg) leicht links bis zur Poppenbüttler Schleuse. Hinter der Schleuse links, ab hier nun feiner Schotterweg. Hinter der Brücke links halten und ab jetzt immer dem Alsterlauf folgen. Zwei weitere Holzbrücken überqueren und vor der dritten Brücke links Richtung Hohenbuchen Park gehen und links halten bis zum Spielplatz. Beim Spielplatz leicht rechts halten und die Anhöhe hoch, dort rechts halten und durch den Hohenbuchen Park, vor der Brücke links zum Alsterwanderweg zurück. Ab hier gleicher Rück- wie Hinweg.

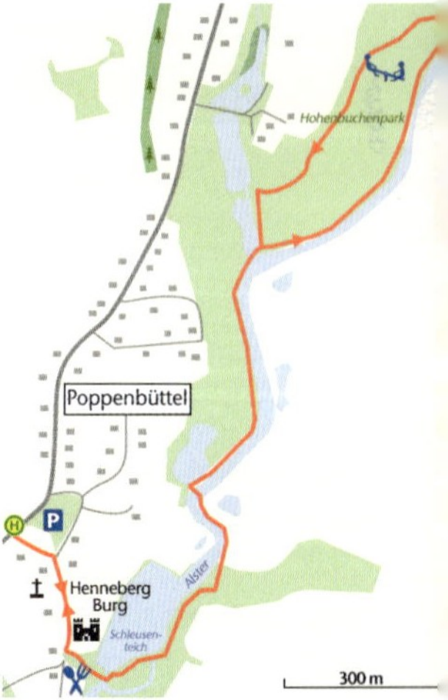

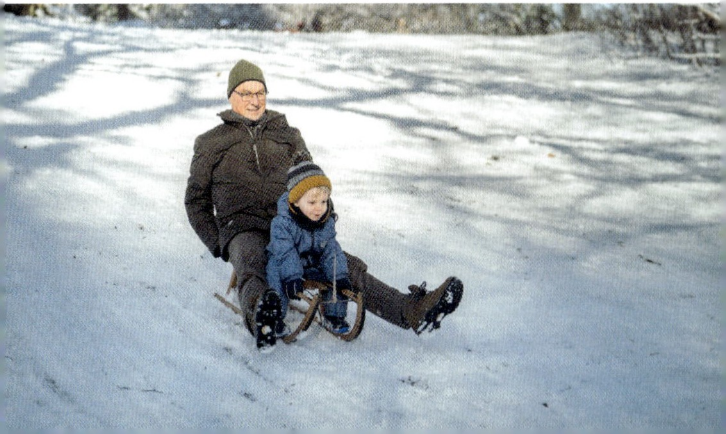

4 Rodenbeker Quellental

Bergstedt

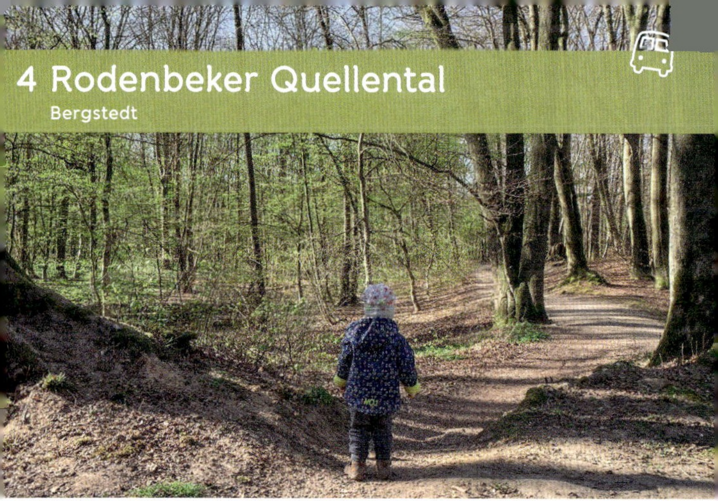

Schöner Rundwanderweg im Norden Hamburgs entlang der Flüsse Bredenbek, Rodenbek und Alster. An den alten Fischteichen leben Gänse, Enten, Graureiher und viele seltene Vogelarten. Wer Glück hat, der kann sogar einen Eisvogel beobachten. Ein großer Spielplatz mit Picknickwiese befindet sich genau auf der Hälfte des Weges und vorher gibt es noch die Möglichkeit, am Bach zu spielen und zu planschen. Ein guter Anreiz für kleine Wandermuffel.

Wetter: Anforderung: Gesamtdauer: 1 h

Anforderung:	Mittel; einige kurze steile Teilstücke; befestigter Wanderweg, an einigen Stellen etwas holpriger.
Dauer:	RW: 1 h; 2,6 km.
Wetter:	Klassisches Wanderwetter, auch für heiße Tage gut geeignet; 75 % Schatten. Im Winter sind die Wege nicht geräumt.

Wanderwert für (Geschwister) Kinder:	
2–3 Jahre:	Auf der Hälfte der Strecke Spielplatz mit Kleinkinderbereich, Wiese zum Ballspielen und Picknicken. Beim Ghf. Quellenhof ebenfalls kleiner, sehr gepflegten Spielplatz, Kaninchengehege und Weide mit Schafen. Am Rodenbeker Teich gibt es Enten und Gänse. Ca. 10 min. vom Ghf. Quellenhof entfernt führt rechts ein Weg zur Bredenbekbrücke. Hier gibt es schöne flache Stellen im Bach zum Planschen und Spielen.
4–6 Jahre:	Aufgrund der Länge gut geeignet. Siehe 2–3 Jahre.
Kinderfahrrad:	Laufrad und Fahrrad müssten stellenweise getragen bzw. eine kurze Steigung geschoben werden.

Navi: 22395 Hamburg, Rodenbeker Str. 126

Anfahrt: Richtung Bergstedt fahren, die Saseler Chaussee entlang, weiter auf der Bergstedter Chaussee, links in die Alte Schmiede und beim Bergstedter Markt rechts halten. Hinter dem Bergstedter Markt wird die Straße zur Rodenbeker Straße. Dieser für 1,6 km bis zum AP folgen.

Bus/Bahn: Ab U1 Hoisbüttel mit dem Bus 474 (VHH) Richtung Wragekamp bis Hst. „Sarenweg“, von dort ca. 300 m Fußweg oder U1 Ohlstedt mit dem Bus 276 bis Hst. „Bredenbekstraße“, dann 550 m die Straße Haselknick hinein. Bei dieser Anreise steigt man in der Nähe des Spielplatzes und der Picknickwiese in die Tour ein.

Ausgangspunkt/P: AP ist beim Gasthaus Quellenhof, Parkplätze vorhanden

Infos/Gaststätten: *Gasthaus Quellenhof, Gasthaus mit Sommerterrasse, Biergarten und kleinem gepflegten Kleinkinderspielplatz und Kaninchengehege, Tel. 040 6049228, www.quellenhof.hamburg. *Gaststätte Zum Haselknick, rustikales Waldlokal mit hausgeräuchertem Fisch, Tel. 040 6050494, www.haselknick.de, Ruhetage: Mo, Di.

Wegbeschreibung: Vom Ausgangspunkt führt der Weg hinter dem Gasthaus direkt in den Wald hinein. Von hier aus nun dem gelben Markierungspfeil Richtung Kayhude (K) folgen. Nach 10 Min. könnt ihr rechts einen kurzen Abstecher zur Bredenbekbrücke machen, denn hier lässt es sich gut im/am Wasser planschen bzw. spielen. Immer geradeaus bis zur Straße Haselknick, dort links einbiegen Richtung „Rasthaus

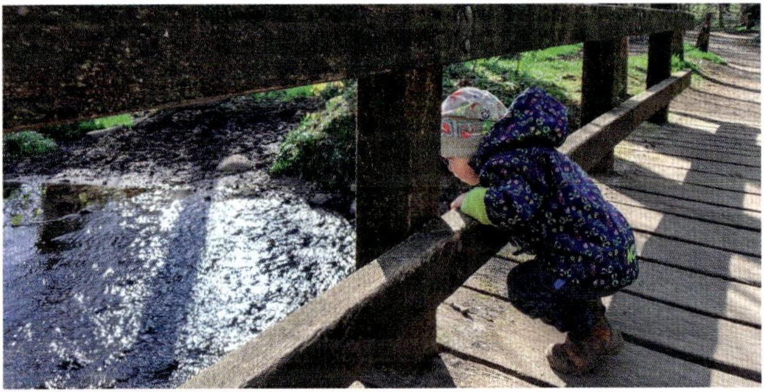

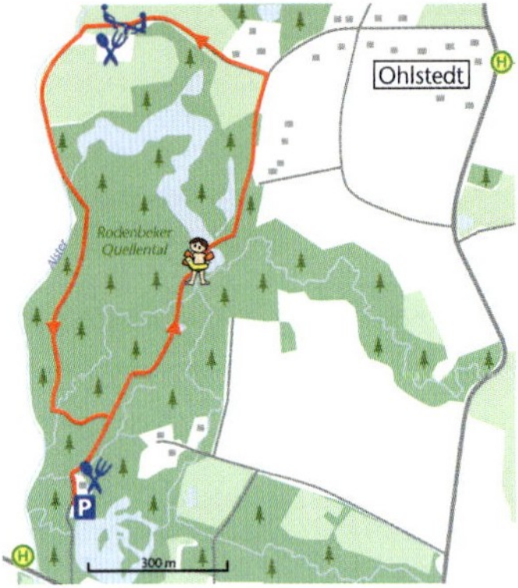

an der Alster Zum Haselknick". Der asphaltierten Straße folgen bis zur Weggabelung, hier links halten. (Wer hier eine Pause machen möchte, kann dies rechts auf den Wiesen des Haselknicks und dem Spielplatz tun und kommt danach wieder auf den Wanderweg zurück.) Vorbei am Campingplatz und dem Rasthaus Zum Haselknick, geht ihr dann links auf den Alsterwanderweg Richtung Poppenbüttel (gelber Pfeil mit P) zurück. Hinter der Holzbrücke führt der Weg für eine kurze Strecke steil bergauf. Weiter der Ausschilderung Richtung Poppenbüttel folgen, an der Weggabelung links über eine kleine Holzbrücke, danach erneut kurzer steiler Anstieg. An der nächsten Wegkreuzung (Ausschilderung Poppenbüttel) bei der Holzbank rechts halten und dem Weg zurück zum Gasthaus Quellenhof folgen.

5 Wohldorfer Wald

Wohldorf-Ohlstedt: lehrreiche Runde durch den Wald

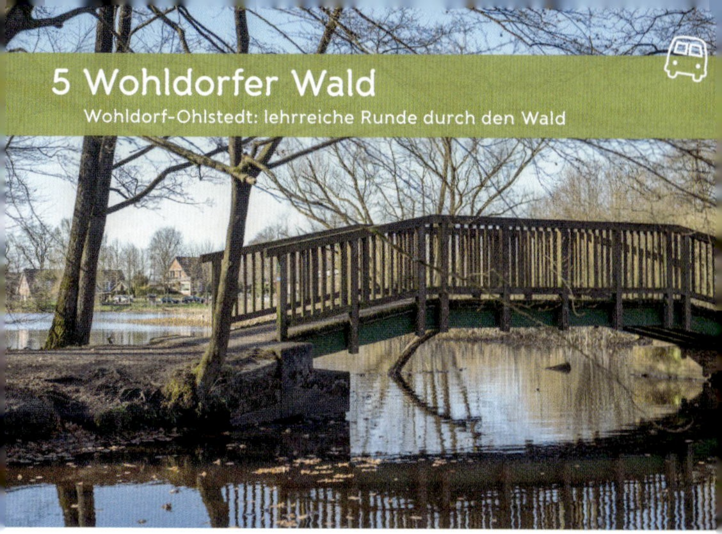

Auf dieser Runde im Wohldorfer Wald könnt ihr gleich zwei Erlebnis- und Lehrpfade miteinander verbinden. An zahlreichen Stationen des historisch-ökologischen Erlebnispfades lernt man etwas über die Geschichte des idyllischen Dorfes und die Informationstafeln des Bodenlehrpfades im Wald versorgen einen mit Wissen rund um die Besonderheiten des Bodens. Eine Runde, die Natur und Wissen verbindet!

Wetter: Anforderung: Gesamtdauer: 1 ½ h

Anforderung: Leicht; ebener Weg; feine Schotter- und Waldwege, kurze Strecke an einer Waldstraße.

Dauer: RW: 1 ½ h; 5,4 km.

Wetter: Typisches Wanderwetter, im Herbst besonders schön, auch bei Nieselregen möglich; 100 % Schatten.

Wanderwert für (Geschwister) Kinder:	
2–3 Jahre:	Im Wald gibt es viel zu entdecken. Beim Mühlenteich leben viele Wasservögel und entlang des Auewanderweges kommt man an Pferdekoppeln vorbei. Kinderwagen bzw. Trage mitnehmen, um Konditionseinbrüche auffangen zu können.
4–6 Jahre:	Aufgrund der Länge nur für lauffreudige Kinder zu empfehlen. Für diese Altersgruppe können die Lehrpfade schon interessant sein.
Kinderfahrrad:	Gut geeignet für Laufrad/Fahrrad.

Navi: 22397 Hamburg, Westerfelde, P+R-Parkplatz Ohlstedt

Anfahrt: Richtung Duvenstedt, dem Duvenstedter Damm folgen, rechts in die Straße Alsterblick, nach 1 km links in die Straße Timms Hege einbiegen, dann links vor der U-Bahn-Station auf den P+R-Parkplatz.

Bus/Bahn: U1 Ohlstedt; Bus 276 Hst. „U-Ohlstedt“

Ausgangspunkt/P: P+R-Parkplatz direkt neben der Station U-Ohlstedt.

Infos/Gaststätten: Start und Ende: *Landhaus Ohlstedt, gutbürgerliche Küche, Hotelbetrieb, Tel. 040 6056700, www.landhaus-ohlstedt.de. Ca. 5 min vom Weg entfernt am Ammersbeker Mühlenteich. *Wohldorfer Mühle, gutbürgerliche Küche, Tel. 040 6076650, www.die-muehle-hamburg.de, Ruhetage: Mo, Di. *Gasthaus zum Bäcker, gutbürgerliche Küche, Tel. 040 60765397, www.zum-baecker.de, Ruhetage: Mo, Di. *Infos Bodenlehrpfad unter www.hamburg.de/bodenlehrpfad.

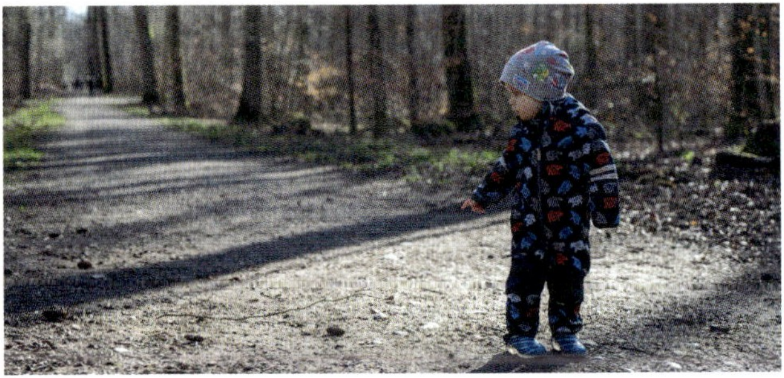

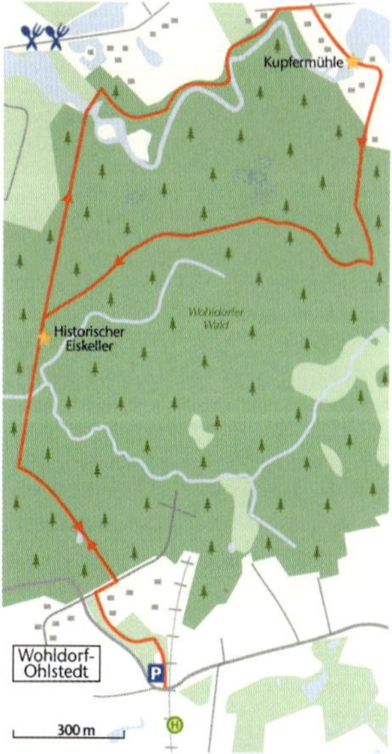

Wegbeschreibung: Am Ende des Ausgangspunktes den breiten Weg gehen, der einmal um die Schule am Walde herum führt, und dann links halten. An der Straße Kupferredder rechts herum und gegenüber dem Schuleingang links in den Wald einbiegen. An der sternförmigen Wegkreuzung dem zweiten Weg von rechts folgen bis zum Mühlenteich. An der T-Kreuzung rechts den Auewanderweg bis zur Straße Schünenkoppel. Rechts in die Straße einbiegen, dann wieder rechts in die Herrenhausallee. Der Straße, die später zur Forststraße wird, für insgesamt rund 15 Min. folgen. Gegenüber dem reetgedeckten Fachwerkhaus geht´s wieder rechts in den Wald hinein. Dem Weg geradeaus für 15 Min. folgen bis zu einer Wegkreuzung, an der ihr links den bereits auf dem Hinweg passierten Eiskeller mit dem Gefallenendenkmal sehen könnt. Hier links, bis ihr wieder zur sternförmigen Kreuzung kommt. Hier den zweiten Weg von links nehmen und zurück zum Ausgangspunkt.

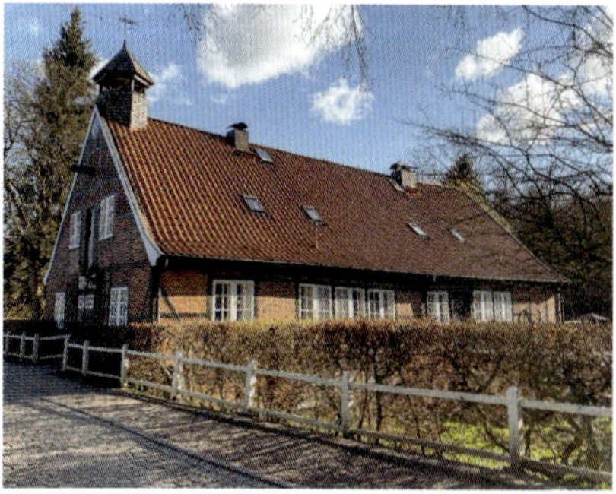

6 Duvenstedter Brook

Wohldorf-Ohlstedt: unterwegs im Naturschutzgebiet

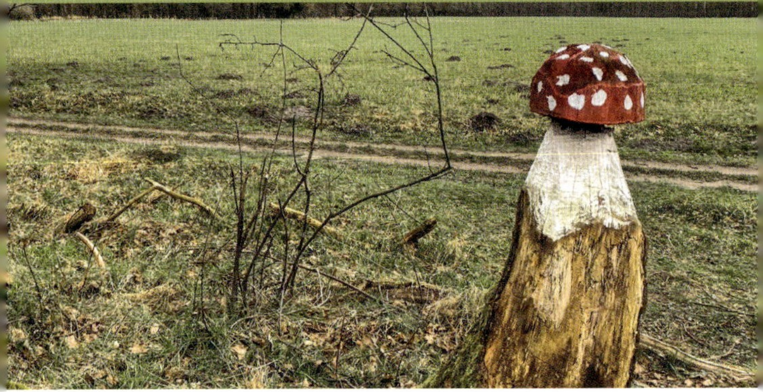

Abwechslungsreiche Wanderung durch Wiesen, Wald und Moor. Im NABU-Haus erhaltet ihr viele, auch für Kinder aufbereitete Informationen über die Natur und deren Schutz. Besonders sehenswert sind die denkmalgeschützten und liebevoll restaurierten Landarbeiterhäuser von 1937 in der Herrenhausallee. Das Gebiet ist weitläufig und unter der Woche begegnet man hier höchstens einem Reh.

Wetter: | Anforderung: | Gesamtdauer: 1 ¼ h

Anforderung:	Leicht; ebener Weg; überwiegend asphaltierte Forststraße und ausgebaute Waldwege.
Dauer:	RW: 1 ¼ h; 4,8 km.
Wetter:	Typisches Wanderwetter, auch bei Nieselregen möglich; 50 % Schatten.

Wanderwert für (Geschwister) Kinder:	
2–3 Jahre:	Mit Glück kann man Rehe, Raubvögel, Eulen und andere Tiere beobachten. Besser den Kinderwagen bzw. die Trage mitnehmen, da die Strecke doch recht weit ist.
4–6 Jahre:	Siehe 2–3 Jahre.
Kinderfahrrad:	Fahrrad und Laufrad sind möglich. Die Forststraße Brügkamp ist in einem schlechten Zustand, so dass es ggf. für kleinere Kinder schwer zu fahren ist.

Navi: 22397 Hamburg, Duvenstedter Triftweg 140.

Anfahrt: Von der Segeberger Chaussee (B432) in den Puckaffer Weg einbiegen, im Kreisverkehr 2. Ausfahrt Duvenstedter Damm nehmen, nach kurzer Fahrt beim Hotel Alster Au links in den Duvenstedter Triftweg einbiegen und diesem für 1,8 km folgen bis zum Wanderparkplatz.

Bus/Bahn: Keine direkte Verbindung, nicht zu empfehlen.

Ausgangspunkt/P: AP ist das Duvenstedter BrookHus (NABU). Ein Wanderparkplatz befindet sich an der Ecke Duvenstedter Triftweg/Wiemerskamper Weg gegenüber dem BrookHus.

Infos/Gaststätten: Entlang des Weges gibt es keine Gaststätten, jedoch 15 Minuten zu Fuß vom AP entfernt am Ammersbeker Mühlenteich. *Wohldorfer Mühle, gutbürgerliche Küche, Tel. 040 6076650, www.die-muehle-hamburg.de, Ruhetage: Mo, Di. *Gasthaus zum Bäcker, gutbürgerliche Küche, Tel. 040 60765397, www.zum-baecker.de, Ruhetage: Mo, Di. *Infos zum BrookHus unter www.hamburg.nabu.de, die Öffnungszeiten variieren je nach Jahreszeit.

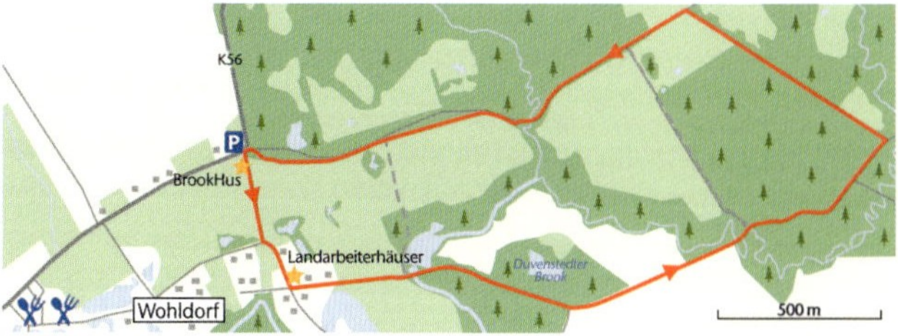

Wegbeschreibung: Vom Ausgangspunkt führt ein feiner Kiesweg zwischen zwei Koppeln zu der Straße Herrenhausallee, ein kurzes Stück an der Straße und den ehem. Landarbeiterhäusern vorbei, geht es links in die Forststraße Brügkamp. Dieser folgt ihr für rund 20 Min., bis ihr die Ammersbek überquert. Dann weiter den Waldweg geradeaus, bis ihr nach weiteren 10 Min. an eine Weggabelung mit Drehkreuz und Schlagbaum kommt. Hier dem Hauptweg vor dem Schlagbaum links herum folgen, bis dieser auf den Duvenstedter Triftweg trifft. Hier links und dem Weg zurück zum Ausgangspunkt folgen. Wenn ihr nicht auf der Forststraße gehen möchtet, dann wählt den schmalen Pfad links neben der Straße. Dieser ist landschaftlich schöner, aber aufgrund der Wegbeschaffenheit nur zu Fuß/mit Trage zu gehen, nicht aber mit Kinderwagen.

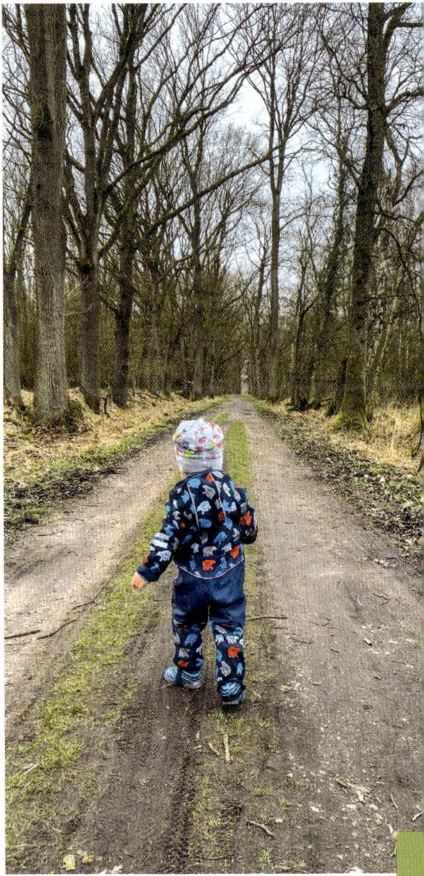

7 Volksdorfer Teichwiesen

Volksdorf: schöne Runde für den Nachmittag

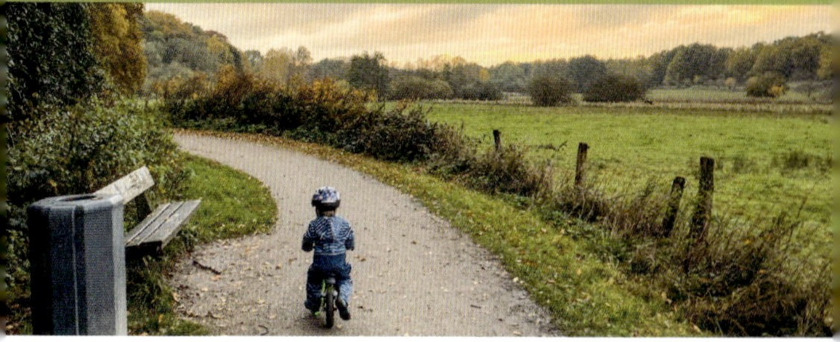

Das Naturschutzgebiet Volksdorfer Teichwiesen gehört zu den letzten erhaltenen Tunneltälern, die sich während der letzten Eiszeit im Hamburger Raum gebildet haben. Im Juni könnt ihr hier sogar blühende Orchideen finden. Wer am Nachmittag noch eine kurze und schöne Runde drehen möchte, für den sind die Teichwiesen perfekt. Wenn ihr noch mehr Zeit habt, dann kombiniert doch diese Runde mit der Tour Nr. 8 um den Allhorndiek See.

Wetter: Anforderung: Gesamtdauer: ¾ h

Anforderung:	Leicht, ebener Weg; feiner Kiesweg.
Dauer:	RW: ¾ h; 2,7 km.
Wetter:	Typisches Wanderwetter, auch bei Nieselregen möglich; 50 % Schatten.

Wanderwert für (Geschwister) Kinder:

2–3 Jahre:	Kühe auf den Weiden am Anfang/Ende der Tour sowie zahlreiche Wasservögel.
4–6 Jahre:	Aufgrund der Länge sehr gut geeignet. Siehe 2–3 Jahre.
Kinderfahrrad:	Ja. Der Weg ist perfekt für Laufrad und Fahrrad.

Navi: 22359 Hamburg, Halenreie 4 (schräg gegenüber befinden sich Parkbuchten).

Anfahrt: Ring 3 über Poppenbüttel: Richtung Sasel und dort links in den Waldweg einbiegen und diesem 3,4 km folgen. Dann rechts in die Halenreie. Über Farmsen-Berne: Berner Heerweg Richtig Volksdorf, im Kreisverkehr 2. Ausfahrt Farmsener Landstraße. Beim 2. Kreisverkehr die 2. Ausfahrt Halenreie nehmen.

Bus/Bahn: U1 Volksdorf, Bus 174, Bus 24, Hst: „U-Volksdorf"

Ausgangspunkt/P: AP sind die schräg zur Straße verlaufenden Parkbuchten in der Halenreie beim Volksdorfer Marktplatz. Von der U-Bahn kommend rechts über den Platz am Bahnhof. Beim Kreisverkehr rechts in die Halereie. Nach 1 Minute links den Wanderweg zu den Volksdorfer Teichwiesen nehmen.

Infos/Gaststätten: Direkt am Weg keine Gaststätten, dafür aber rund um den Bahnhof Volksdorf *Le Rustique, Pizza, Pasta und Kleinigkeiten, Tel. 040 6036851.

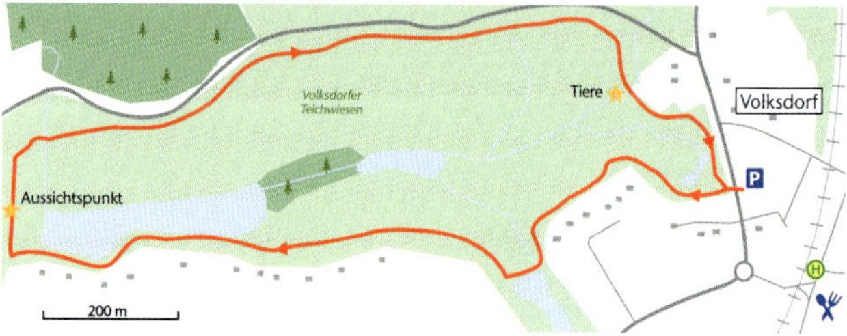

Wegbeschreibung: Von den Parkbuchten im Rücken geht es für ca. 20 Min. immer geradeaus, dem breiten Hauptweg folgend an den Teichwiesen entlang, bis ihr an eine T-Kreuzung kommt. Hier rechts halten, am Aussichtspunkt vorbei und an der nächsten Kreuzung wieder rechts und dem Weg parallel zur Straße Waldweg für weitere 15 Minuten folgen. Dann noch ein kurzes Stück rechts parallel zur Halenreie, bis ihr wieder bei den Parkbuchten ankommt.

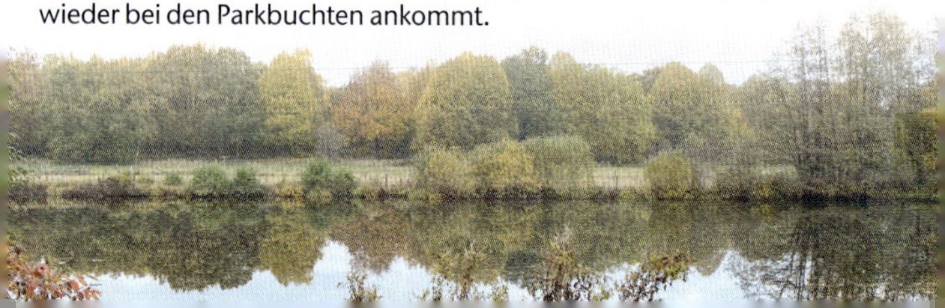

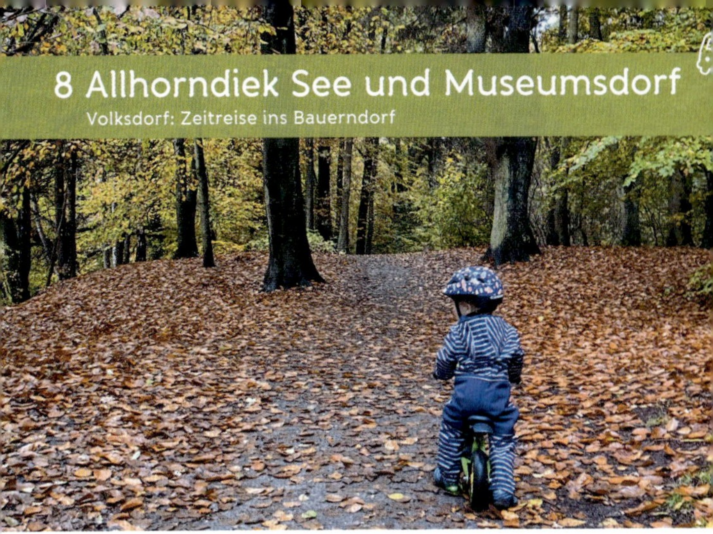

8 Allhorndiek See und Museumsdorf

Volksdorf: Zeitreise ins Bauerndorf

Schöner kurzer Spaziergang einmal rund um den Allhorndiek See. Besonders im Herbst ist es hier durch das bunt gefärbte Laub sehr schön. Anschließend könnt ihr das Museumsdorf Volksdorf besuchen, welches das einzige Museumsdorf in Hamburg ist. Hier erfahrt ihr, wie das bäuerliche Leben in den Hamburger Walddörfern früher aussah. Alte Haustierrassen, die z.T. frei umherlaufen, sind besonders für die Kinder ein aufregendes Erlebnis.

Wetter: Anforderung: Gesamtdauer: ¾ h

Anforderung: Leicht; ebener Weg; feiner Kiesweg.

Dauer: RW: ¾ h; 2,4 km.

Wetter: Auch bei Nieselregen möglich, im Herbst besonders schön; 50 % Schatten.

Wanderwert für (Geschwister) Kinder:	
2–3 Jahre:	Ein Besuch des Museumsdorfes lohnt sich auch für diese Altersgruppe, da es dort viele Tiere zum Anschauen gibt, die z.T. auch frei umherlaufen.
4–6 Jahre:	Aufgrund der Länge sehr gut geeignet. Siehe 2–3 Jahre.
Kinderfahrrad:	Ja.

Navi: 22359 Hamburg, Kattjahren, Marktplatz bei U-Volksdorf und dem Lichtspielhaus Koralle.

Anfahrt: Ring 3 über Poppenbüttel: Richtung Sasel und dort links in den Waldweg einbiegen und diesem 3,4 km folgen. Dann rechts in die Halenreie und gleich wieder links in die Straße Kattjahren einbiegen. Über Farmsen-Berne: Berner Heerweg Richtung Volksdorf, im Kreisverkehr 2. Ausfahrt Farmsener Landstraße. Beim 2. Kreisverkehr die 2. Ausfahrt Halenreie nehmen, dann nach 200 m rechts in die Straße Kattjahren einbiegen.

Bus/Bahn: U1 Volksdorf, Bus 174, Bus 24, Hst: „U-Volksdorf"

Ausgangspunkt/P: AP ist der U-Bahnhof Volksdorf, Ausgang links Richtung Museumsdorf.

Infos/Gaststätten: Am Anfang/Ende: *Le Rustique, Pizza, Pasta und Kleinigkeiten, Tel. 040 6036851. Beim Museumsdorf: *Dorfkrug Volksdorf-Sylt in Hamburg, Sushi, Fisch und Fleischgerichte, Tel. 040 6039294, www.dorfkrug-volksdorf.com, Ruhetage Mo+Di.

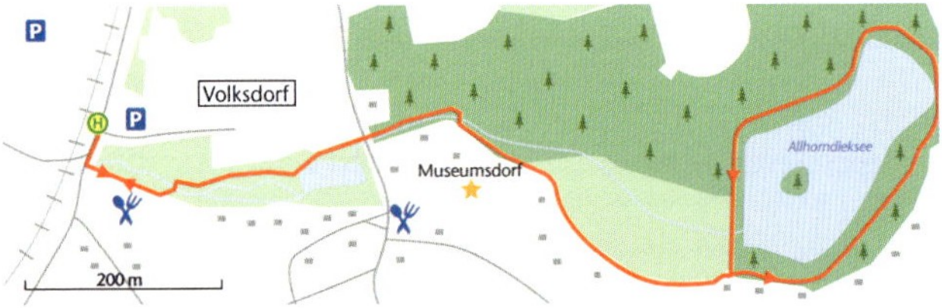

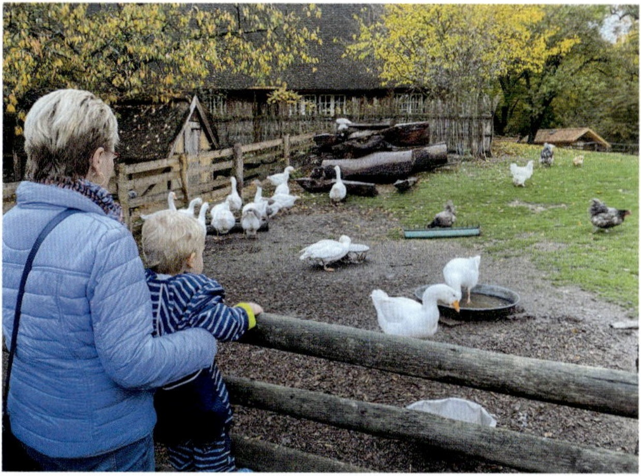

Wegbeschreibung: Vom Ausgangspunkt die Claus-Ferk-Straße überqueren und den kleinen Weg entlang gehen. Ein Findlingsstein weist hier den Weg Richtung Museumsdorf. An der Weggabelung links halten, dem Weg weiter bis zur Straße „Im Alten Dorfe“ folgen. Wer sich das Museumsdorf (Eintritt frei) anschauen möchte, biegt hier kurz rechts ab und befindet sich nach zwei Minuten am Ziel. Zum Allhorndiek See geht ihr den Pastorenstieg weiter geradeaus. An der Weggabelung rechts, über die kleine Holzbrücke und immer geradeaus. An der Wegkreuzung Pastorenstieg/Waldredder ebenfalls geradeaus und dem Weg einfach weiter am See entlang folgen, bis man wieder auf den Weg „Waldredder“ trifft. Hier links, bis ihr wieder auf den Pastorenstieg trefft. Ab hier gleicher Rück- wie Hinweg.

9 Eppendorfer Mühlenteich

Eppendorf: Winterquartier der Alsterschwäne

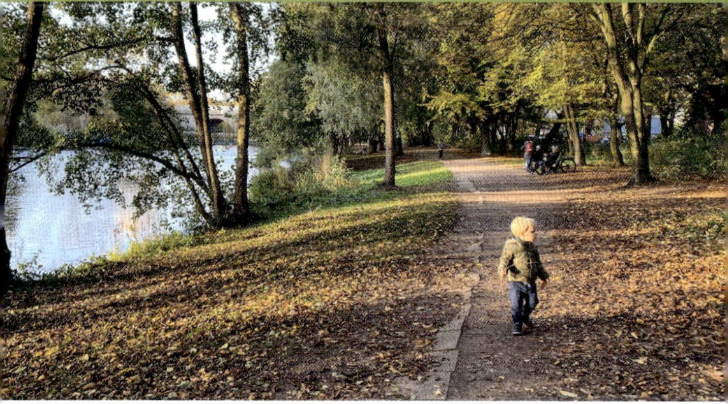

Kurze und einfache Tour im Herzen des schicken Eppendorf. Mitten im quirligen Viertel bietet diese Runde die Möglichkeit, die Seele baumeln zu lassen. Alle HamburgerInnen, die ihre Alsterschwäne im Winter vermissen, werden hier fündig. Ein Teil des Teiches wird nämlich durch Unterwasserpumpen eisfrei gehalten, so dass die Tiere auch im Winter ausreichend Nahrung finden. Seit 1664 stehen die Schwäne in Hamburg unter besonderem Schutz. Beleidigen darf man sie nicht, das ist offiziell verboten.

Wetter: Anforderung: Gesamtdauer: ½ h

Anforderung: Leicht; ebener Weg; fester, aber feiner Kiesweg.
Dauer: RW: ½ h; 1,2 km.
Wetter: Für jedes Wetter geeignet; 50 % Schatten.

Wanderwert für (Geschwister) Kinder:	
2–3 Jahre:	Kleiner Spielplatz auf der Hälfte der Strecke. Einen größeren und schöneren Spielplatz mit Wasserbereich zum Planschen gibt es nebenan im Hayns Park (gegenüber dem AP).
4–6 Jahre:	Aufgrund der Länge sehr gut geeignet. Siehe 2–3 Jahre.
Kinderfahrrad:	Der Weg ist sowohl für Laufräder als auch für Fahrräder bestens geeignet.

Navi: 20251 Hamburg, Erikastraße, Nähe Schubackstraße

Anfahrt: A7 Autobahnausfahrt 26 HH-Stellingen, dann rechts auf die B4 (Kieler Straße), nach 450 m links in den Sportplatzring einbiegen. Der Straße für 4,1 km folgen bis zur B433 (Tarpenbekstraße). Hier links in die Tarpenbekstraße einbiegen, dann sofort rechts in die Edgar-Roß-Straße. Dieser bis zum Ende folgen, dann links in die Erikastraße einbiegen. Hier befinden sich zahlreiche Parkmöglichkeiten.

Bus/Bahn: U1 Lattenkamp, dann Bus 392 oder Bus 114 bis Hst. „Schubackstraße".

Ausgangspunkt/P: AP ist die Bus-Hst. „Schubackstraße" (Ecke Eppendorfer Landstraße/Schubackstraße); Parkmöglichkeiten gibt es z.B. entlang der Erikastraße ab Edgar-Roß-Straße bis zum Sackgassenende. Von der Erikastraße geht ihr nur ein kleines Stück die Schubackstraße entlang, bis links sowohl die Bus-Hst. (AP) als auch der Weg zum Mühlenteich sichtbar sind.

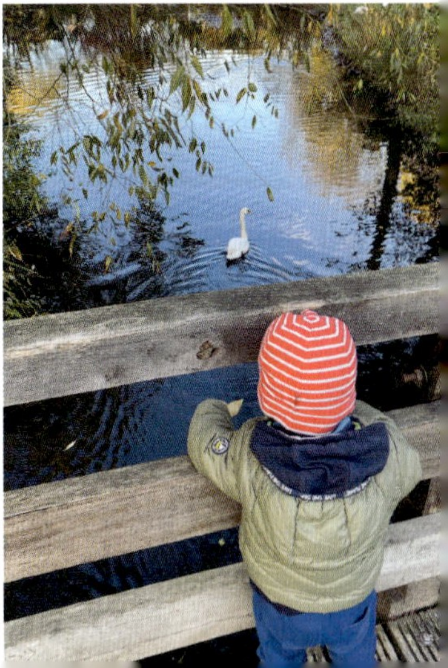

Infos/Gaststätten: am Anfang/Ende: *Deli Kate, Café mit Kuchen und Frühstücksangebot, Tel. 040 46647422, www.delikate.me. *Schuback am Park; deutsche Küche mit Kinderkarte, Tel. 040 476670, www.schuback-restaurant.de, Ruhetage: Mo–Mi.

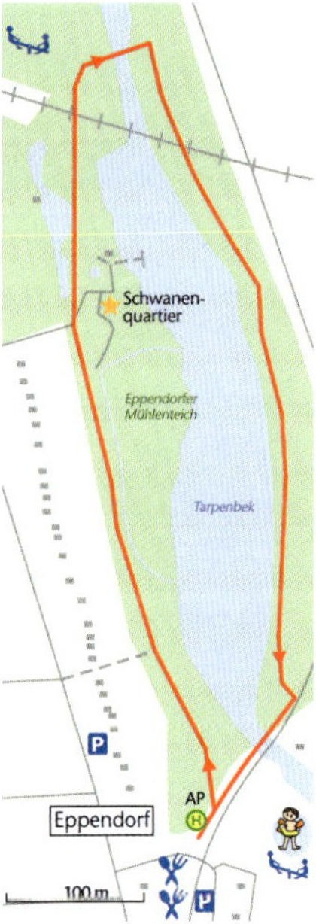

Wegbeschreibung: Vom Ausgangspunkt mit Blickrichtung auf die Fußgängerampel führt rechts ein Weg hinunter zum Mühlenteich. Diesem Weg folgend, vorbei an schönen Altbauten, erreicht man nach kurzer Gehzeit das Winterquartier der Alsterschwäne auf der rechten Seite. Einen besseren Blick gibt´s allerdings von der anderen Uferseite. Dazu dem Weg weiter folgen und hinter dem Eisenbahnviadukt rechts über eine Brücke, die die Tarpenbek überquert, dann nochmals rechts, und schon ist die andere Uferseite des Mühlenteiches erreicht. Den besten Blick auf die Alsterschwäne und all die anderen Wasservögel (besonders in der Winterzeit) gibt es kurz hinter dem Viadukt. Der Weg am Mühlenteich endet nach ca. 8 Minuten wieder an der Eppendorfer Landstraße, gegenüber dem grünen Bootshaus Barmeier. Hier rechts, und nach zwei Minuten ist der Ausgangspunkt wieder erreicht.

10 Eppendorfer Moor

Groß Borstel: größtes innerstädtisches Moor Europas

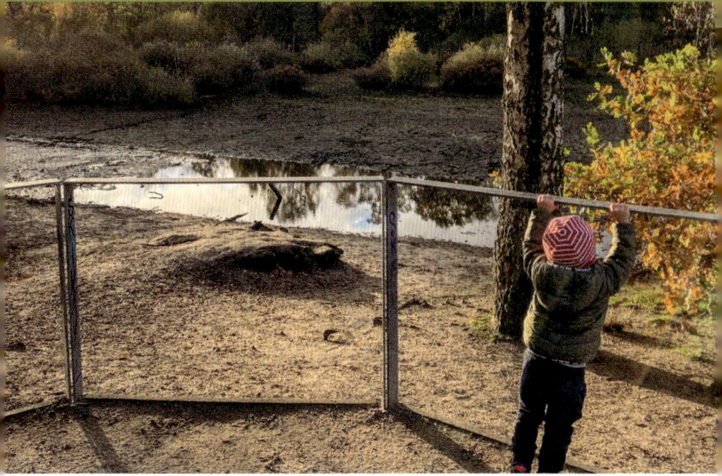

Kurze Tour durch´s Moor, welches sich mitten in der Stadt befindet. Obwohl das Eppendorfer Moor von Straßen und Häusern umgeben ist, befindet ihr euch nach kurzer Zeit inmitten von wilder Natur. Der perfekte Ort für einen ruhigen Nachmittagsspaziergang mit Naturerlebnissen.

Wetter: Anforderung: Gesamtdauer: ¾ h

Anforderung:	Leicht; ebener Weg; feiner Kiesweg.
Dauer:	RW: ¾ h; 1,8 km.
Wetter:	Typisches Wanderwetter, auch bei Nieselregen möglich. Nach starken Regentagen kann das Gebiet sehr matschig sein; 75 % Schatten.

Wanderwert für (Geschwister) Kinder:	
2–3 Jahre:	Im Frühling könnt ihr zahlreiche Wasservögel beim Brüten beobachten. Am Teich gibt es außerdem eine Aussichtsplattform. Hier könnt ihr Enten und Gänse ganz aus der Nähe betrachten.
4–6 Jahre:	Aufgrund der Länge sehr gut geeignet. Siehe 2–3 Jahre.
Kinderfahrrad:	Ja.

Navi: 22453 Hamburg, Klotzenmoor, bei der Hst. „Rosenbrook"

Anfahrt: Von der B 433 (Alsterkrugchaussee) aus kommend in die Borsteler Chaussee einbiegen und gleich rechts wieder in die Straße Klotzenmoor. Dort sind genügend Parkplätze.

Bus/Bahn: U1 Lattenkamp, weiter mit dem Bus 114 bis Hst. „Rosenbrook". Einige Meter entgegen der Fahrtrichtung zurückgehen und links in die Straße Klotzenmoor. Die Hst. der Linie 214 (Ausgangspunkt der Wanderung) ist in Sichtweite.

Ausgangspunkt/P: Hst. „Rosenbrook" (Bus 214)

Infos/Gaststätten: Entlang des Weges gibt es keine Gaststätten.

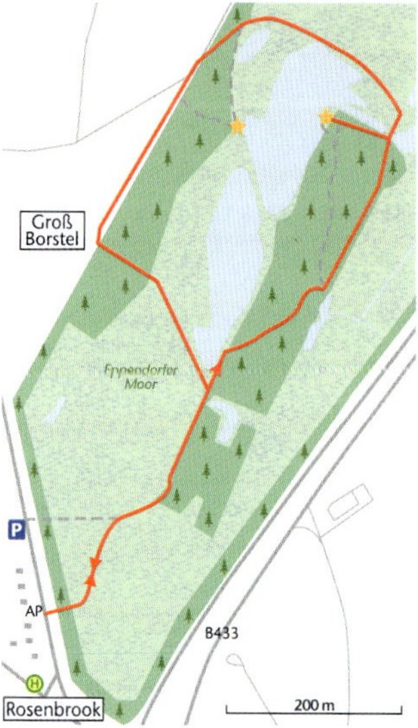

Wegbeschreibung: Unmittelbar bei der Hst. „Rosenbrook" führt der Weg ins Moor. An der ersten Weggabelung links, dann leicht rechts und dann wieder leicht links halten. Dem Weg folgt ihr weiter geradeaus, bis dieser auf den Hauptweg trifft, hier links.

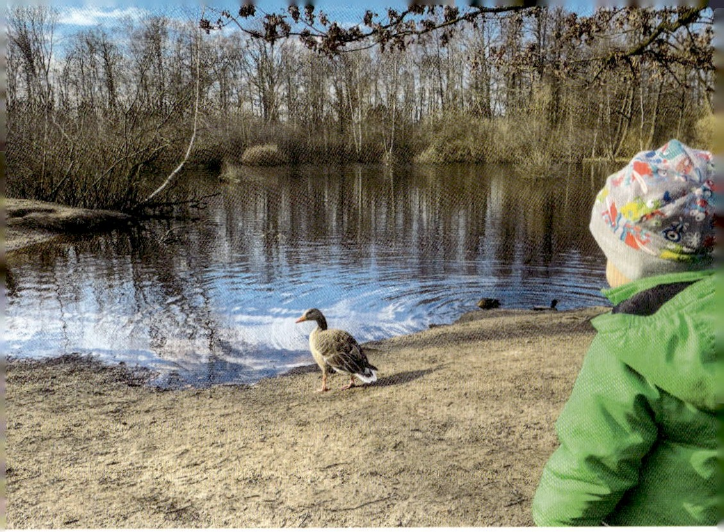

Nach ein paar Minuten könnt ihr links einen Abstecher zur Aussichtsplattform machen. Dem Hauptweg immer weiter am Teich entlang folgen bis zur Ecke Rathbusch/Weg Nr.173. Hier dem Weg Nr. 173 am Rande des Moors für ein paar Minuten folgen, dann wieder links ins Naturschutzgebiet hinein und am Teich vorbei. An der Wegkreuzung wieder rechts und ab hier gleicher Rück- wie Hinweg.

11 Niendorfer Gehege

Niendorf: Naherholungsgebiet für Groß und Klein

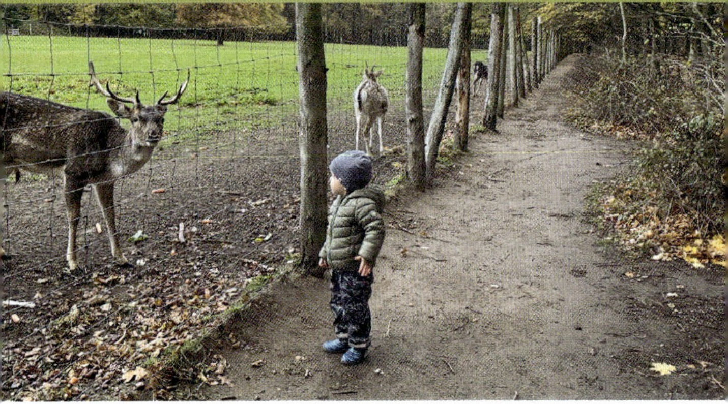

Das Niendorfer Gehege, ein ehemaliger Privatwald, bietet Ruhe vom Großstadt-Trubel. Die Kinder freuen sich jedes Mal, wieder hier zu sein, denn sie können sich nicht nur auf einem großen Waldspielplatz nach Herzenslust austoben, sondern auch noch das Damwild im benachbarten Gehege beobachten und mit Kastanien oder Eicheln füttern. Kleine und große Kinder können auch auf dem Ponyhof Niendorf mit Hilfe der Erwachsenen ihre ersten Reitversuche unternehmen.

Wetter: Anforderung: Gesamtdauer: 1 ¼ h

Anforderung:	Leicht; ebener Weg; befestigter Waldweg.
Dauer:	RW: 1 ¼ h; 3,3 km.
Wetter:	Zu jeder Jahreszeit möglich; 100 % Schatten.

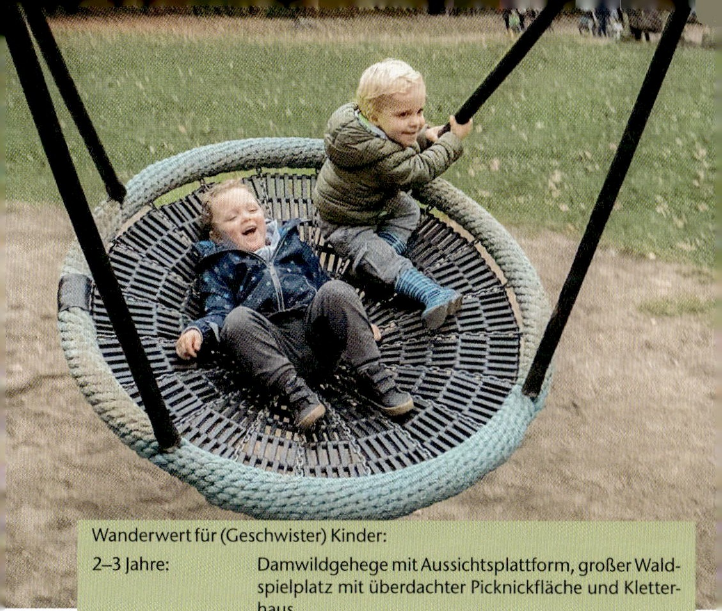

Wanderwert für (Geschwister) Kinder:	
2–3 Jahre:	Damwildgehege mit Aussichtsplattform, großer Waldspielplatz mit überdachter Picknickfläche und Kletterhaus.
4–6 Jahre:	Aufgrund der Länge sehr gut geeignet. Siehe 2–3 Jahre. Beim Ponyhof Niendorf gibt es die Möglichkeit, Ponys auszuleihen und in Begleitung der Erwachsenen zu reiten.
Kinderfahrrad:	Ja.

Navi: 22459 Hamburg, Bondenwald, Ecke Niendorfer Gehege beim Spielplatz.

Anfahrt: Von der B 447 (Friedrich-Ebert-Straße) beim Niendorfer Marktplatz in die Straße Niendorfer Gehege einbiegen. Beim Spielplatz links in die Straße Bondenwald. Parkmöglichkeiten vorhanden.

Bus/Bahn: U2 Niendorf Markt, Bus 24, Bus 23, Bus 5, Bus 191, Bus 391, Hst: „Niendorf Markt". Vom Busbahnhof 4 Minuten zu Fuß den Garstedter Weg bis zum Niendorfer Marktplatz. Die B447 überqueren und den Weg an der Kirche zum Markt nehmen.

Ausgangspunkt/P: AP ist der Weg zwischen Anna-Warburg-Schule und der Kirche am Markt.

Infos/Gaststätten: *Waldcafé Corell, deutsche Küche und Saisonales, große Sommerterrasse, Tel. 040 585378, www.waldcafe-corell.de, Ruhetag: Mo. *Ponyhof Niendorf, Tel. 040 582341, www.ponyhof-waldschaenke.de.

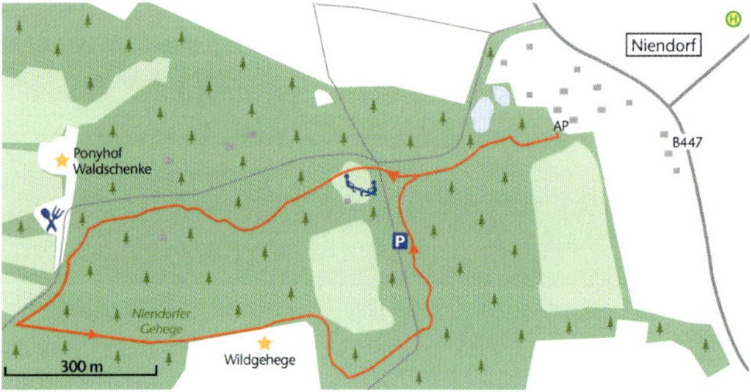

Wegbeschreibung: Den Weg zwischen der Niendorfer Marktkirche und der Anna-Warburg-Schule nehmen, nach der Schule haltet ihr euch kurz rechts, dann immer weiter geradeaus, leicht bergab auf dem breiten Hauptweg bleiben. Dieser verläuft am Waldspielplatz vorbei immer parallel zur Straße Niendorfer Gehege. In der leichten Linkskurve liegen, auf der gegenüberliegenden Straßenseite, das Waldcafé Corell und der Ponyhof. Nach ca. 3 Minuten nehmt ihr den breiten Hauptweg links, der euch geradewegs zum Damwildgehege bringt. Hinter dem Gehege rechts, dann links parallel zur Straße Bondenwald. Diese in der Linkskurve kurz überqueren, dann gleich wieder links. An der nächsten Weggabelung rechts Richtung Hundeauslaufgebiet. Von hier aus gleicher Rück- wie Hinweg.

12 Stadtpark Hamburg

Winterhude: Schwimmen, Planschen und Spielen im Park

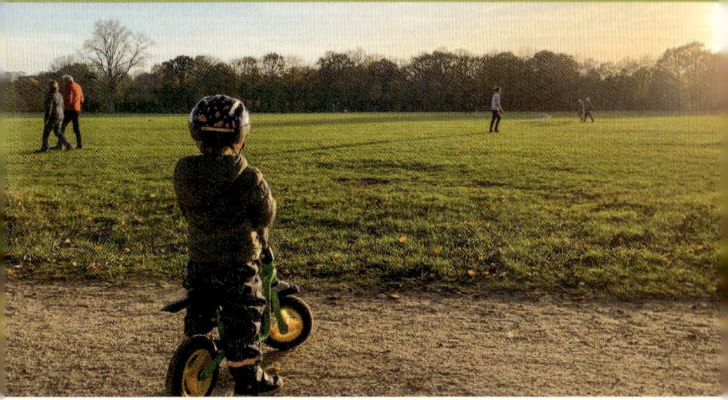

Der Stadtpark Hamburg ist gerade mit Kindern auch einen Tagesausflug wert. Mit größeren Kindern bietet sich auch ein Planetariumsbesuch oder Tretbootfahren an. Kleinere Kinder können am eigenen Kinderstrand planschen und auf dem großen Spielplatz spielen, während es sich die Eltern im Café beim Planschbecken gut gehen lassen. Diese Runde ist recht kurz und abwechslungsreich und bietet daher auch für Kinder einen guten Anreiz zum Laufen.

Wetter: Anforderung: Gesamtdauer: 1 h

Anforderung:	Leicht; nur im Heckengarten sind ein paar wenige Stufen zu bewältigen; feine Kieswege.
Dauer:	RW: 1 h; 2,4 km.
Wetter:	Bei fast jeder Witterung möglich; im Mai/Juni zur Rhododendronblüte besonders schön; 25 % Schatten.

Wanderwert für (Geschwister) Kinder:	
2–3 Jahre:	Großer und vielseitiger Spielplatz mit Planschbecken und ca. 10 m breitem Strand, Wasserpumpen, Klettermöglichkeiten und Seilbahnen auf der Hälfte des Weges. Es gibt hier auch noch einen extra Kleinkinderbereich. Wechselkleidung nicht vergessen!
4–6 Jahre:	Aufgrund der Länge sehr gut geeignet. Siehe 2–3 Jahre.
Kinderfahrrad:	Ja. Es gibt jedoch einige Stufen im Bereich des Heckengartens.

Navi: 22303 Hamburg, Südring, beim Café Sommerterrassen.

Anfahrt: Vom Ring 2 (Jahnring) in die Saarlandstraße einbiegen, von dort rechts in den Südring.

Bus/Bahn: U3 Saarlandstraße, Bus 171 und 261 bis Hst. „U-Saarlandstraße“, Bus 17, 172,173 bis Hst. „Saarlandstraße“. Von U3-Station 6 min zu Fuß zum AP. Parkmöglichkeiten am Südring oder an der Saarlandstraße zwischen Südring und Alte Wöhr.

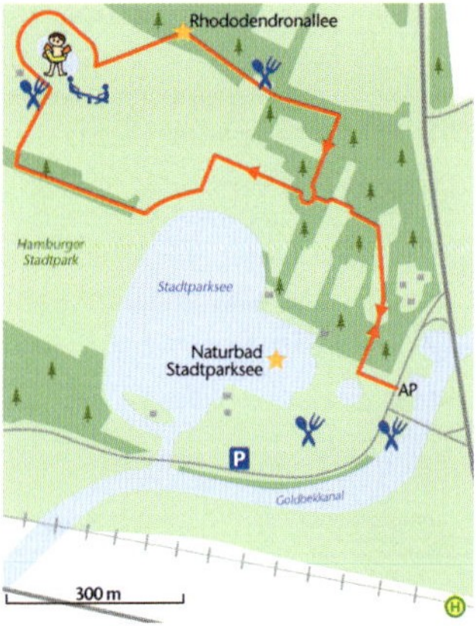

Ausgangspunkt/P: AP ist die Stadthallenbrücke beim Café Sommerterrassen.

Infos/Gaststätten: Start/Ende *Café Sommerterrassen, Kuchen und internationale Speisen, Tel. 040 2706274, www.sommerterrassen-hamburg.de, Oktober bis März geschlossen. *Café am Planschbecken, mediterrane und saisonale Gerichte, Tel. 040 69658465, www.cafe-planschbecken.de. *Lesecafé Stadtpark, Kaffee und Kuchen sowie hausgemachte Suppen, Tel. 0152 22708589. *Sierichs Biergarten, Burger und Deftiges sowie Kuchen, Sandkiste und „Fuhrpark“ für Kinder, Tel. 040 65031000, www.sierichs.de, Öffnungszeiten sind wetterabhängig.

Wegbeschreibung: Von der Stadthallenbrücke geht es auf das Rondell im Stadtpark zu (Sichtachse zum Planetarium im ehem. Wasserturm). Rechts dem Weg Richtung Heckengarten und Freilichtbühne folgen, bis dieser an einer großen Weide links abbiegt. Durch den Heckengarten hindurch, vorbei am Pinguinbrunnen und weiter geradeaus durch den Rosengarten. Hier am Ende des Weges links und vor dem Stadtpark-See dann rechts Richtung Planetarium halten. Weiter geradeaus, an der Festwiese vorbei. Zwischen zwei Parkbänken rechts den schmalen Weg hinein und ihr kommt direkt auf den Strand mit Planschbecken zu. Der Strandbereich wird links herum umrundet. Bei der Seelöwenstatue aus Stein biegt ihr links ein zur Rhododendronallee. Hier rechts herum, am Lesecafé am Rosengarten vorbei, immer geradeaus, dann wieder rechts den schmalen Weg Richtung Pinguinbrunnen. Bei diesem wieder links und von hier gleicher Rück- wie Hinweg.

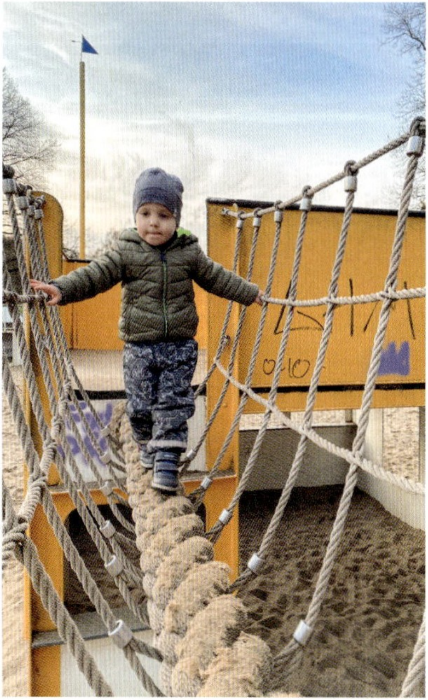

13 Ohmoor am Flughafen (SH)

Norderstedt: den Flugzeugen ganz nah

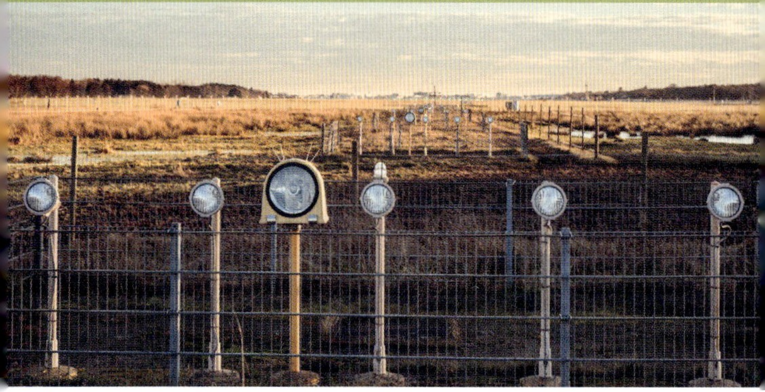

Eine Rundwanderung, die Sehnsucht nach der Ferne auslösen kann, denn hier ist man den Flugzeugen ganz nah. Sowohl beim Hin- als auch beim Rückweg geht es ein ganzes Stück an der Start- und Landebahn des Flughafens Fuhlsbüttel entlang. Zwischendurch bietet der Weg durch das Moor die Möglichkeit, Rehe, Fasane und andere Tiere zu beobachten. Für kleine Flugzeug-Fans ein toller Rundweg, der jedoch auch etwas laut sein kann.

Wetter: 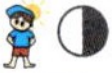 Anforderung: Gesamtdauer: 1 ¼ h

---

Anforderung:	Leicht; ebener Weg; naturbelassene Wanderwege teilw. mit fein gehäckseltem Holz als Bodenbelag.
Dauer:	RW: 1 ¼ h; 3,4 km.
Wetter:	Typisches Wanderwetter, nach Niederschlägen können die Wege sehr matschig sein; 50 % Schatten.

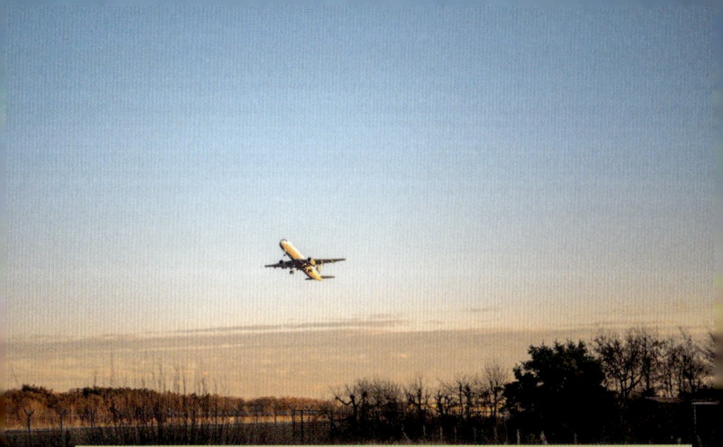

Wanderwert für (Geschwister) Kinder:	
2–3 Jahre:	Am Anfang und Ende des Weges gibt es eine Pferdekoppel sowie einen Aussichtspunkt, an dem die Flugzeuge direkt über einen hinwegfliegen. Der Weg führt außerdem direkt an der Start- und Landebahn vorbei.
4–6 Jahre:	Für lauffreudige Kinder gut geeignet. Siehe 2–3 Jahre.
Kinderfahrrad:	Im Moor gibt es einige Stellen, wo das Fahrrad/ Laufrad geschoben bzw. getragen werden muss, da der Weg sehr holprig ist. Grundsätzlich aber möglich. Für Roller ist der Weg nicht geeignet!

Navi: 22848 Norderstedt, Nordportbogen 8.

Anfahrt: A7 Abfahrt HH-Schnelsen-Nord auf die B 432 (Richtung Langenhorn), dann links halten und auf der B 432 bleiben. Nach 2 km am Anfang des Gewerbegebietes rechts in den Nordportbogen einbiegen. Auf Höhe Spelterstraße befindet sich der AP.

Bus/Bahn: U1 Langenhorn Markt, Bus 193 bis Hst. „Nordportbogen (W)", Parkmöglichkeiten am Nordportbogen oder an der Spelterstraße. Alternativ könnt ihr auch von Süden in die Tour einsteigen. Hierzu Bus 24 oder 191 nehmen bis Hst. „Sperlingsweg". Am Swebenweg entlang, rechts in den Sachsenstieg einbiegen und der Straße folgen bis zum Hundesportverein. Fußweg ca. 5 Min.

Ausgangspunkt/P: AP ist die Bus-Hst. „Nordportbogen (W)" der Linie 193 Richtung Langenhorn Markt.

Infos/Gaststätten: Entlang des Weges gibt es keine Gaststätten.

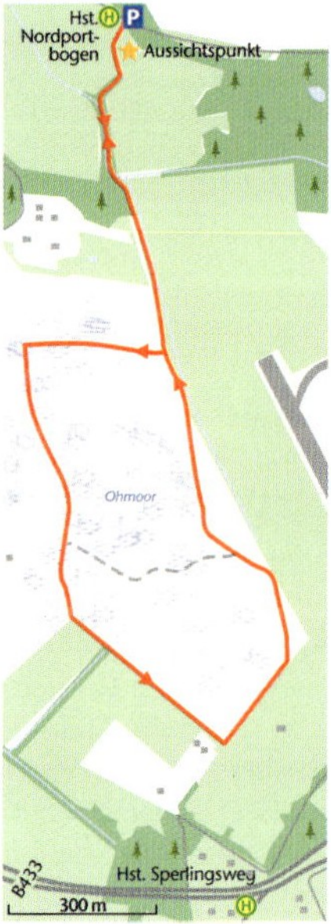

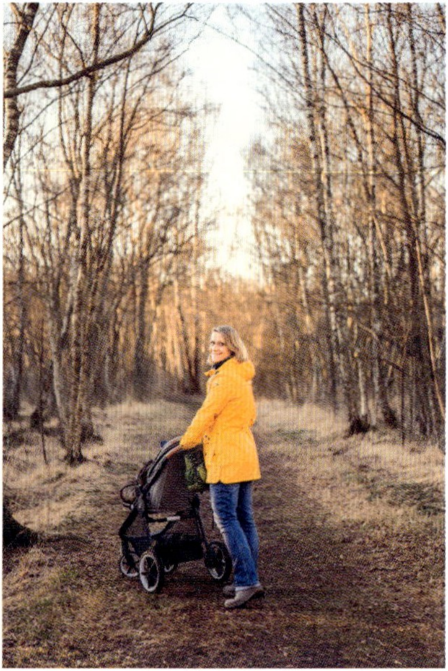

Wegbeschreibung: Direkt hinter der Bushaltestelle führt ein Weg um den erhöht liegenden Aussichtspunkt herum. Diesem Richtung Start- und Landebahn folgen. An der Weggabelung rechts halten, bis man nach ca. 3 Min. den Zaun der Start- und Landebahn erreicht. Dem Weg folgen, bis rechts ein breiterer Weg ins Moor abbiegt. An der nächsten Gabelung links halten, immer geradeaus, bis ihr schließlich auf die Forststraße Sachsenstieg kommt, in die ihr links einbiegt. Nach ca. 5 Min. führt links ein Weg Richtung Hundesportverein wieder zur Start- und Landebahn zurück. (Hier könnt ihr in die Runde einsteigen, wenn ihr von Süden kommt). Von nun an immer geradeaus und schließlich gleicher Rück- wie Hinweg.

14 Spielplatzrundweg in Norderstedt (SH

Norderstedt

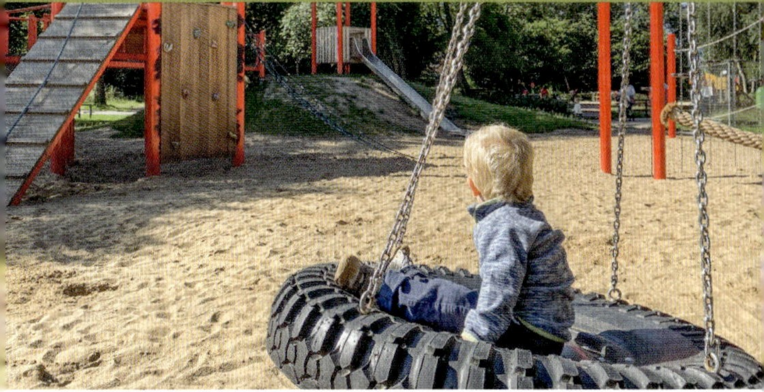

Der Spielplatzrundweg gehört für uns fast zu jedem Kinderbesuch dazu, denn er bietet jede Menge Spiel, Spaß und Erholung im Grünen. Dieser schöne und gut ausgeschilderte Rundweg lässt sich direkt in Norderstedt Mitte starten und führt euch durch Parks und den Wald zu verschiedenen, mit viel Liebe gestalteten Spielplätzen. Kleine Feuerwehr-Fans werden im Feuerwehr-Museum große Augen machen. Im frei zugänglichen Hof könnt ihr euch sogar historische Feuerwehrfahrzeuge aus der Nähe anschauen. Für den Wasserspielplatz empfehle ich Wechselkleidung mitzunehmen.

Wetter: Anforderung: Gesamtdauer: 1 ½ h

Anforderung: Leicht; ebener Weg; gepflastert bzw. asphaltiert, ansonsten feine Kieswege. Zum Ende geht es ein Stück an der Straße entlang.

Dauer: RW: 1 ½ h; 4,3 km.

Wetter: Zu jeder Jahreszeit möglich, jedoch kein Winterdienst; 25 % Schatten.

Wanderwert für (Geschwister) Kinder:	
2–3 Jahre:	Für Kinder dieser Altersgruppe empfehle ich die Spielplätze Nr. 3, 4, 7 und 9. Bei vielen Spielplätzen gibt es z.T. überdachte Sitzmöglichkeiten für ein Picknick.
4–6 Jahre:	Die gesamte Strecke ist nur für lauffreudige Kinder geeignet. Die Abschnitte zwischen den Spielplätzen sind kurz, so dass auch immer eine Pause eingelegt werden kann. Kurz vor der Fußgängerbrücke kann man auch rechts herum an der Hauptstraße zurück zum AP gehen (und damit abkürzen). Siehe 2–3 Jahre.
Kinderfahrrad:	Ja. Am Ende geht es ein Stück an der Hauptstraße entlang, der Fußgängerbereich ist aber sehr breit.

Navi: 22846 Norderstedt, Alter Heidberg 1, auf der Rückseite vom Rathaus Norderstedt

Anfahrt: Von der B 432 in die Ulzburgerstraße einbiegen und dieser für 2,7 km folgen, dann links (Ausschilderung U A Norderstedt Mitte) in die Rathausallee einbiegen, dann rechts in die Heidbergstraße und gleich wieder links in die Straße Alter Heidberg und noch einmal links zum Parkplatz.

Bus/Bahn: U1 und AKN bis „Norderstedt Mitte“, Bus 278, 394, 494, 594, 194, 293, 378, 393, 493 bis „U A Norderstedt Mitte“.

Ausgangspunkt/P: AP ist der Bahnhof „Norderstedt Mitte“.

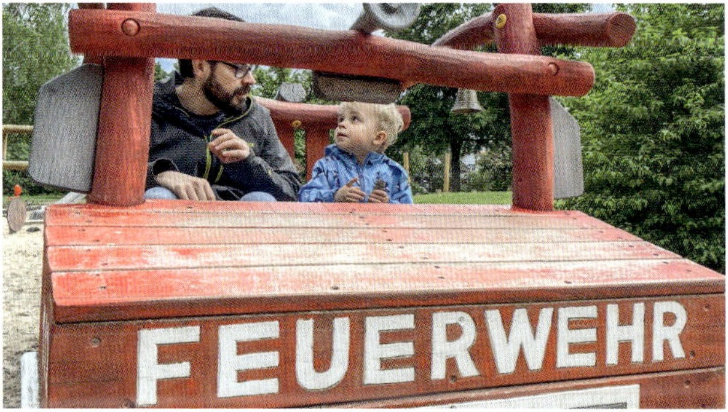

Infos/Gaststätten: Rund um den Bahnhof gibt es zahlreiche Restaurants. Start/ Ende *Cantina Americana, mexikanische Küche, Burger, Bowls, Tel. 040 22868968, www.cantina-americana.de, Ruhetag: Mo. *La Piazza, italienische Küche, Tel. 040 60924160, www.lapiazza-norderstedt.de, Ruhetag: So. Am Weg: *Moorbek Café, Café in der Moorbek-Passage, Tel. 040 5261230. *Ionios,mediterrane Küche, Tel. 040 5224412, www.ionios.de, Ruhetag: Mo. Info *Feuerwehrmuseum Schleswig-Holstein, Tel. 040 5256742, www.feuerwehr-museum.com, Ruhetage: Mo, Di.

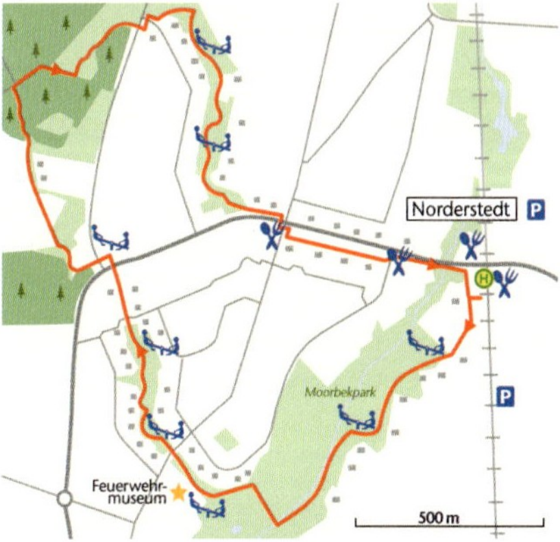

Wegbeschreibung: Dieser Rundweg ist sehr gut mit dem Symbol der Schaukel auf einem grünen Grund gekennzeichnet, weshalb ich von einer genaueren Beschreibung absehe und nur jene Stellen anführen, die eine Hilfestellung erfordern:

Start ist direkt am Bahnhof Norderstedt Mitte, zwischen Postbank-Filiale und Jugendhaus. Bei der Grundschule gibt es eine Übersichtstafel mit Nummerierung der Spielplätze. Beim Spielplatz Nr.3 an der Weggabelung links halten, am Bach entlang, dann rechts über die kleine Brücke weiter Richtung Feuerwehrmuseum. Die Fußgängerbrücken nach Spielplatz Nr. 10 und 11 überqueren. (Geht man hier rechts die Rathausallee entlang, kommt man nach ca. 12 Min. zurück zum AP).

Im Wald an der Straße Syltkuhlen vor dem Schlagbaum wieder rechts, dann links durch die Tennisanlage. Die Straße überqueren und rechts wieder in den Park. Bei der Statue „Frau mit zwei Kindern" links der Rathausallee zurück zum AP folgen.

15 Norderstedter Stadtpark (SH)

Norderstedt: Ausflugsziel für die ganze Familie

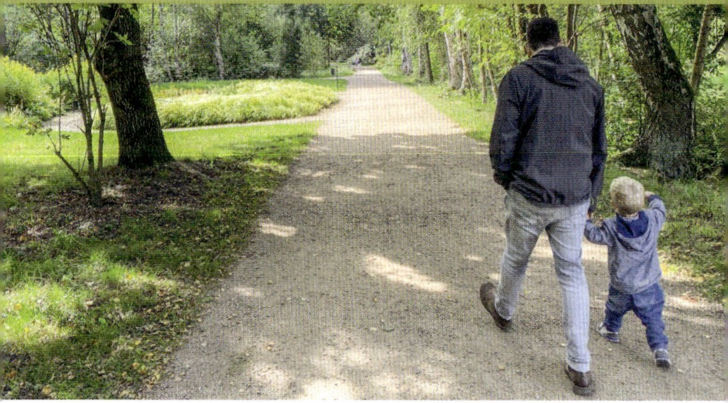

Ein Park für Groß und Klein. Zahlreiche, auch kleinkindgerechte Spielplätze, ein kleiner Kinderbauernhof mit Tieren, der Stadtparksee zum Wasserskilaufen (oder Zugucken), das Arriba-Strandbad und vieles mehr bieten genug Highlights für einen Tagesausflug. Für das leibliche Wohl sorgen Cafés, Kioske und Restaurants. Picknickdecke für zwischendurch einpacken und Wechselkleidung (für den Wasserspielplatz) nicht vergessen! Der hier beschriebene Rundweg ist nur eine von vielen Möglichkeiten.

Wetter: Anforderung: Gesamtdauer: 1 ¼ h

Anforderung:	Leicht; ebener Weg; überwiegend feine Kieswege oder asphaltiert.
Dauer:	RW: 1 ¼ h; 3,3 km.
Wetter:	Für jede Jahreszeit geeignet, allerdings kein Winterdienst; 25 % Schatten.

Wanderwert für (Geschwister) Kinder:	
2–3 Jahre:	Gleich zu Beginn des Rundweges gibt es einen Wasserspielplatz. Auf ca. der Hälfte des Weges liegt der Bauernhof am Feldpark mit Tieren (u.a. Eseln, Schafen, Hühnern), gleich daneben ein Kleinkinderspielplatz sowie ein weiterer Spielplatz auf dem Rückweg.
4–6 Jahre:	Für laufbegeisterte Kinder gut geeignet, da es am Stadtparksee durch die Wasserski-Anlage viel zu sehen gibt. Außerdem gibt es in regelmäßigen Abständen kleine Spielplätze bzw. Riesenschaukeln. Siehe 2–3 Jahre.
Kinderfahrrad:	Ja.

Navi: 22844 Norderstedt, Stormanstraße 55-63.

Anfahrt: Von der B432 in Norderstedt im Kreisverkehr auf die Schleswig-Holstein-Straße einbiegen und nach 3,3 km links in die Stormanstraße. Dieser in einer Rechtskurve, vorbei am famila-Markt, folgen bis zum Parkplatz vom Kulturwerk am See.

Bus/Bahn: U1 Norderstedt Mitte, dann mit dem Bus 293 bis Hst. „Norderstedt, Stadtpark".

Ausgangspunkt/P: AP ist der Parkplatz am Kulturwerk (Kulturwerk am See).

Infos/Gaststätten: *Spotz Seeterrassen, regionale und saisonale Küche, Tel. 040 32040140, www.spotz-norderstedt.de. *Strandhaus Norderstedt, Café und Snacks, Tel. 040 94793222, www.strandhaus-norderstedt.de, Do: nur abends.

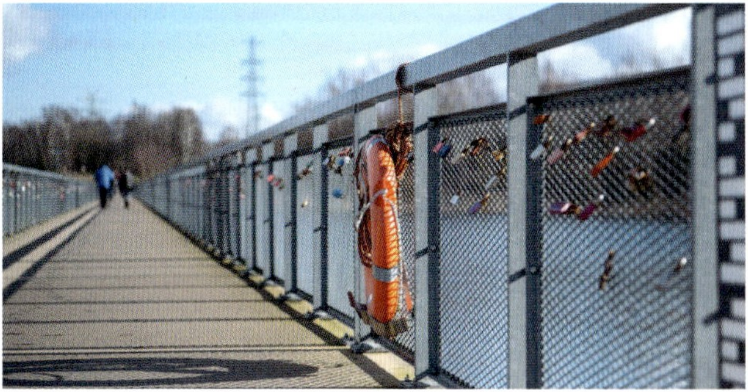

Wegbeschreibung: Vom Parkplatz aus geht ihr geradewegs auf den Stadtparksee zu, und haltet euch dann rechts, vorbei am Restaurant und Kiosk. Beim Wasserspielplatz biegt ihr links ab und folgt dem Weg einmal um den Stadtparksee. Am Ende der Umrundung geht es leicht abwärts. An der nächsten Wegkreuzung rechts halten und dem Wegweiser Richtung Feldpark folgen, vorbei am Hochseilgarten und dem Sportbereich zweigt dann kurz vor dem Ausgangstor links ein Weg ab (Richtung Wasserski), an dem sich der kleine Bauernhof sowie der Kleinkinderspielplatz befinden. Dem Weg folgen bis zum Kräuter-Erlebnisgarten, dort links dem Weg Richtung Wasserski folgen. Vorbei am Waldspielplatz führt einen der Weg wieder zum Stadtparksee. Hier wieder rechts halten und gleicher Rück- wie Hinweg.

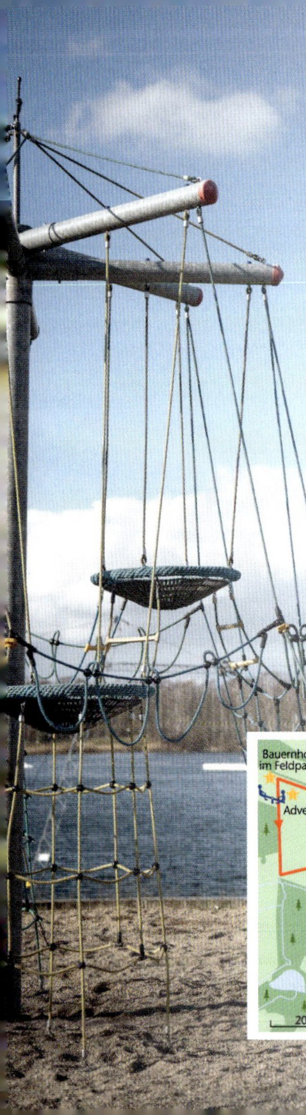

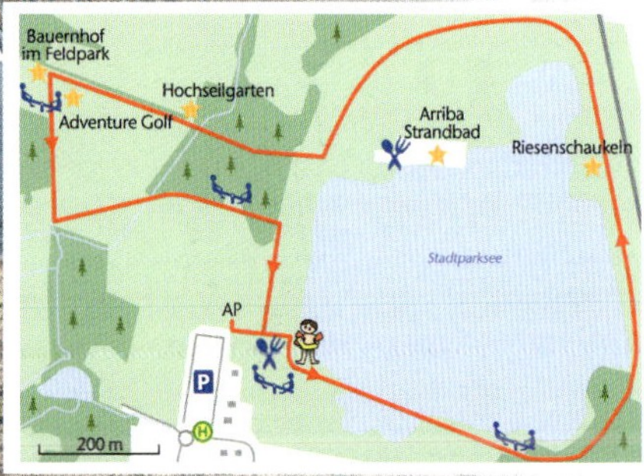

16 Durch das Himmelmoor (SH)

Quickborn: familienfreundlicher Moorlehrpfad

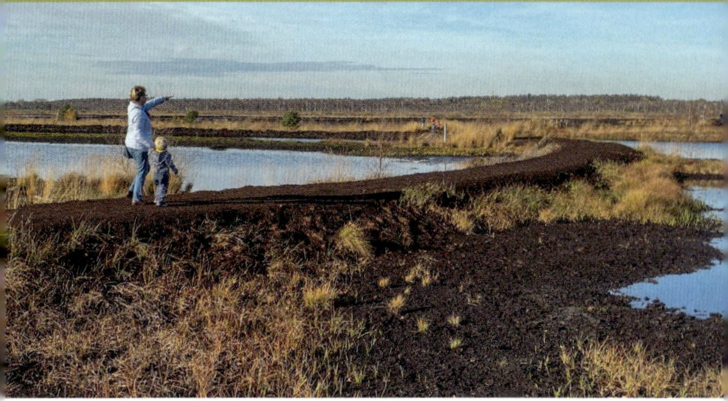

Hier wurde noch bis 2018 aktiv Torf abgebaut. Ein mit viel Liebe gestalteter Lehrpfad mit mehr als 20 Schautafeln und 17 Erlebnisstationen führt heute durch die Landschaft. Kinder und Erwachsene erfahren u.a. etwas über Fauna und Flora, Geschichte und Klima im Moor. Dazu gibt es eine Matschkuhle mit Balancierrohr, einen Lauschtrichter oder ein Waldxylophon zum Musizieren. An bestimmten Terminen könnt ihr mit der Torfbahn fahren.

Wetter: Anforderung: Gesamtdauer: 1 ¼ h

Anforderung: Leicht; ebener Weg; feine Kieswege und Pfade auf dem Torf.

Dauer: RW: 1 ¼ h; 3,6 km.

Wetter: Typisches Wanderwetter, nach starkem Regen können die Wege matschig sein; 50 % Schatten.

Wanderwert für (Geschwister) Kinder:	
2–3 Jahre:	Weide mit Kühen auf der Hälfte der Strecke. Die attraktiven Stationen machen die Wanderung kurzweilig, so dass die Kinder die ganze Zeit beschäftigt sind. Um Konditionseinbrüche abzufangen, lieber noch den Kinderwagen mitnehmen.
4–6 Jahre:	Für gehfreudige Kinder geeignet, insbesondere, wenn man beim Unterstand eine längere Pause einlegt. Siehe 2–3 Jahre.
Kinderfahrrad:	Fahrrad/Laufrad möglich. Den 270 m langen Holzbohlenweg müsste geschoben oder getragen werden.

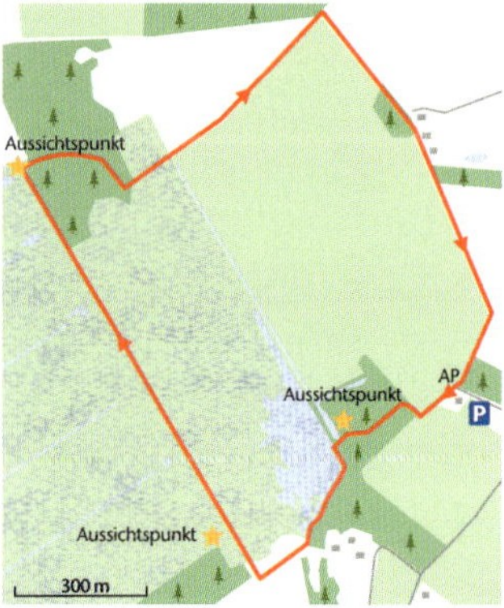

Navi: 25451 Quickborn, Himmelmoorchaussee 61, Parkplatz am Torfwerk Einfeld Carl Hornung e.K.

Anfahrt: Von der B4 in Quickborn in die Marktstraße einbiegen, dann rechts in die Straße Klingenberg. Von hier immer der Ausschilderung Tierklinik und Torfwerk folgen. Am Ende der Himmelmoorchaussee befindet sich der Parkplatz am Torfwerk.

Bus/Bahn: Bus 294 bis Hst. „Am Mühlenberg" (Quickborn), jedoch nicht empfehlenswert, da umständlich und Fußweg von 23 Min. zum AP.

Ausgangspunkt/P: AP ist der Parkplatz beim Torfwerk.

Infos/Gaststätten: Keine Gaststätten; *Infos www.foerderverein-himmelmoor.de. *Zur Fahrt mit der Torfbahn www.torfbahn-himmelmoor.de.

Wegbeschreibung: Vom Ausgangspunkt aus erreicht ihr nach ein paar Metern eine große Holzeule, hier bitte links halten. Kurz darauf, ca. eine Minute später, rechts abbiegen und ab hier begleiten euch Wegweiser mit einem Moorfrosch durch den gesamten Rundweg. Der Weg führt an Aussichtspunkten, Informationstafeln und Erlebnisstationen vorbei, über den Nulldamm entlang der Schienen der Torfbahn und über den Holzbohlenweg zur Schutzhütte. Von hier sind es rund zehn Minuten zu Fuß, bis euch der Moorlehrpfad in einem Rechtsbogen zurück zum Parkplatz führt.

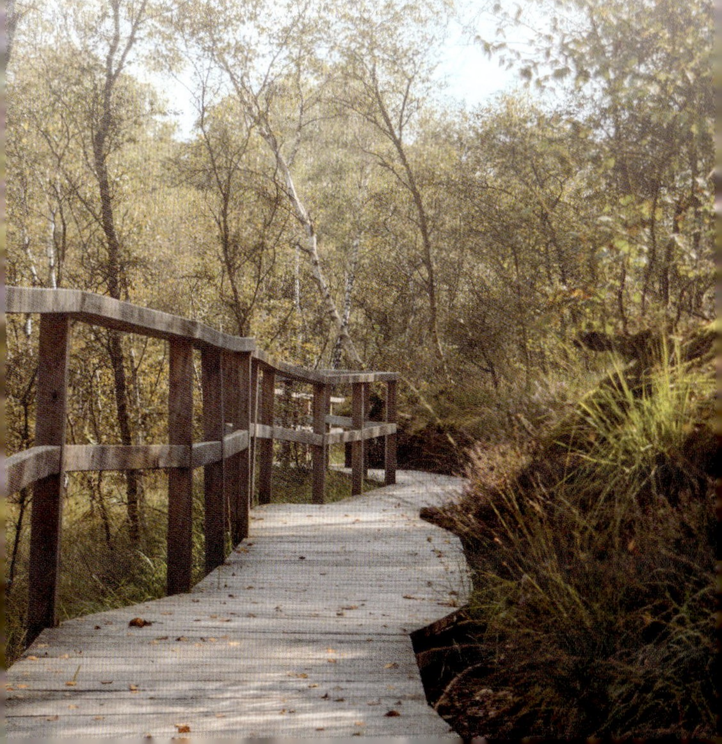

17 Gut Wulksfelde (SH)

Tangstedt: Bio-Erlebnisbauernhof für die ganze Familie

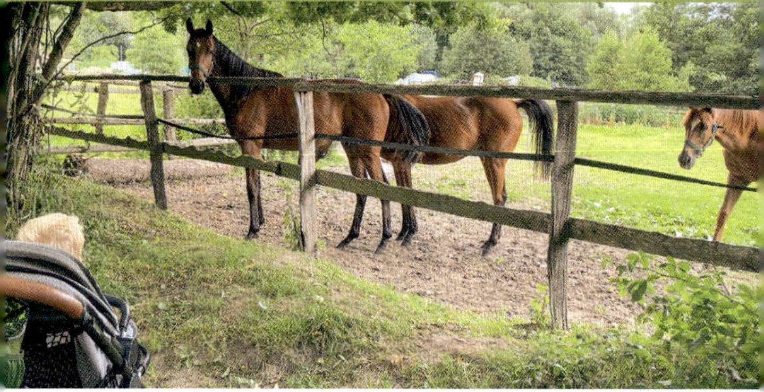

Gut Wulksfelde ist ein wunderbarer Familienausflug. Zunächst gibt es eine schöne Kinderwagenrunde durch die Natur, um dann den Tag auf dem Bio-Gut ausklingen zu lassen. Im Tiergarten erleben die Kinder u.a. Hühner, Schafe, Schweine und Kaninchen hautnah, auf dem Hof können sie Traktor „fahren“ oder sich auf dem Spielplatz und dem Kletterparcours austoben. Mama und Papa erholen sich derweil bei einem deftigen Snack, Kaffee oder Kuchen.

Wetter: Anforderung: Gesamtdauer: 1 ¼ h

Anforderung: Leicht; ebener Weg; überwiegend asphaltierte und feine Kies- oder ausgebaute Waldwege.

Dauer: RW: 1 ¼ h; 3,8 km.

Wetter: Typisches Wanderwetter; Tiergarten und Spielplatz ganzjährig geöffnet; 75 % Schatten.

Wanderwert für (Geschwister) Kinder:	
2–3 Jahre:	Während der Kinderwagenrunde kommt ihr an einigen Pferdekoppeln vorbei. Das Highlight für diese Altersgruppe wird aber auch der Tiergarten mit Spielplatz auf dem Gut Wulksfelde sein und ihr werdet kaum davon wegkommen.
4–6 Jahre:	Nur für laufbegeisterte Kinder geeignet. Hier ist der Anreiz definitiv der Besuch des Bio Hofes. Siehe 2–3 Jahre.
Kinderfahrrad:	Lauf- und Fahrrad möglich. Dennoch sollten die Kinder schon sehr sicher mit Laufrad/Fahrrad umgehen können, da einige Stellen aufgrund der Bodenbeschaffenheit schwieriger zu befahren sind.

Navi: 22889 Tangstedt/Hamburg, Wulksfelder Damm 15–17, Gut Wulksfelde.

Anfahrt: Von der B432 in den Wulksfelder Damm einbiegen bis zum Gut Wulksfelde.

Bus/Bahn: Bus 276 und Bus 176 bis Hst. „Lohe“. Dann weiter mit Bus 478 (fährt nur Mo–Fr zu ausgewählten Zeiten) bis Hst. „Gut Wulksfelde". Zu Fuß von der Hst. „Lohe“: Beim Kreisverkehr in die Straße Lohe einbiegen und dieser bis zum Gut Wulksfelde ca. 15 Min. folgen.

Ausgangspunkt/P: AP ist der Parkplatz des Guts Wulksfelde.

Infos/Gaststätten: Start und Ende: *Gutsküche Wulksfelde, biologische und regionale Küche, Tel. 040 64419441, www.gutskueche.de, Ruhetag: Mo.

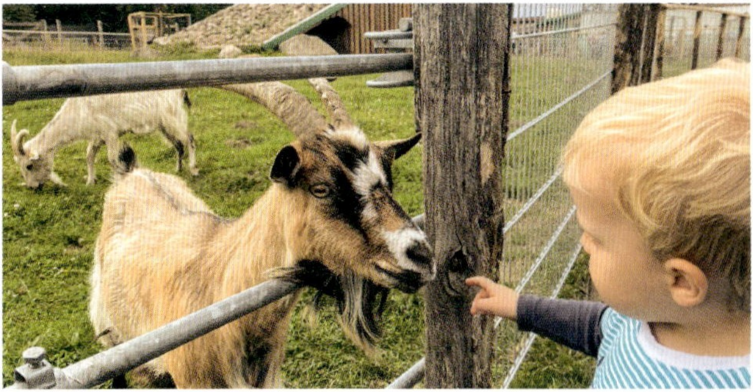

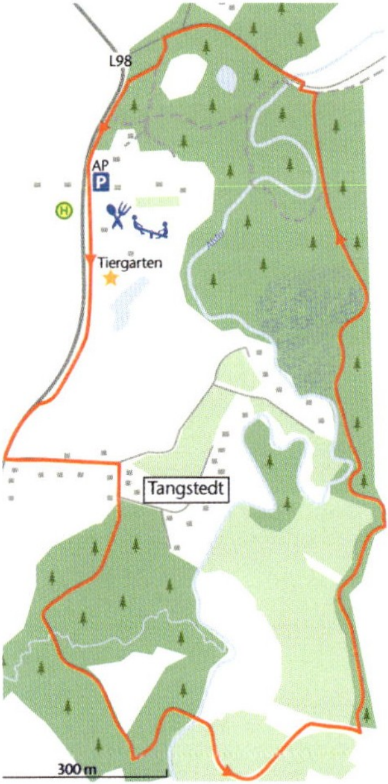

Wegbeschreibung: Vom Parkplatz des Gut Wulksfelde geht ihr links, parallel zum Wulksfelder Damm, bis ihr links in die Straße Hoopwischen einbiegt. Der Straße folgen und schließlich am Ende den Waldweg entlang. Von hier aus folgt ihr dem Weg, der immer mit einem gelben Pfeil mit der Nummer 3 ausgeschildert ist. Über eine kleine Brücke, vorbei an Pferdekoppeln, führt der Weg an Wildblumenwiesen vorbei bis zur Straße Wulksfelder Weg. Hier nun links über die Schleuse und dem Weg weiter folgen bis zu einem Wanderparkplatz, immer dem Pfeil Nr. 3 folgen. An der Gabelung rechts halten, am Wulksfelder Damm wieder links und zurück zum Ausgangspunkt.

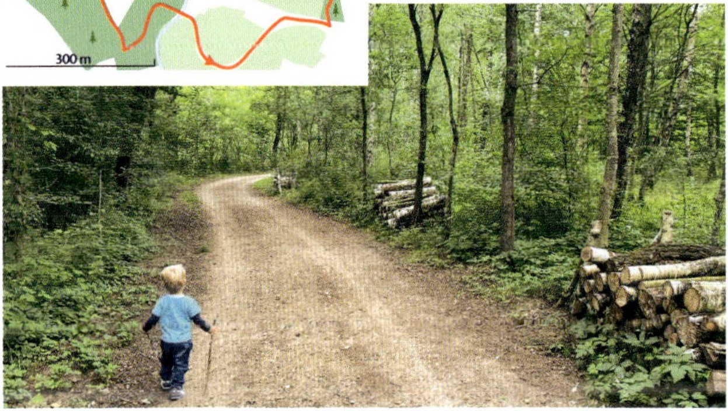

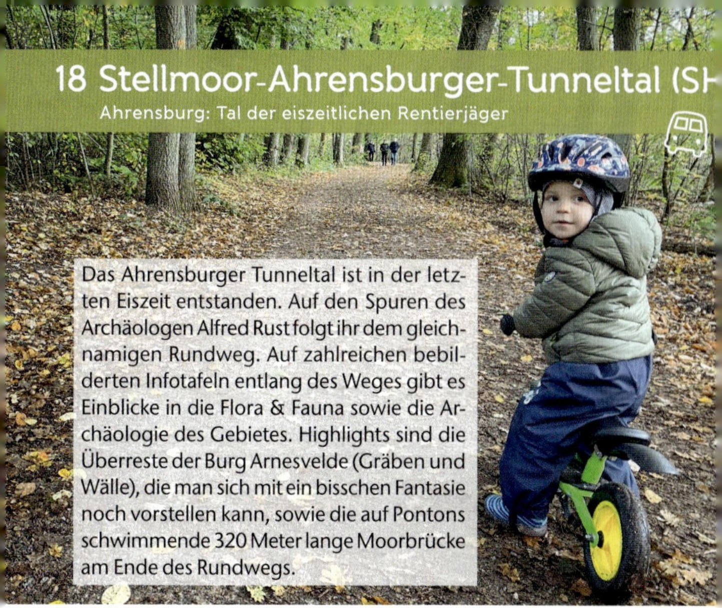

18 Stellmoor-Ahrensburger-Tunneltal (SH

Ahrensburg: Tal der eiszeitlichen Rentierjäger

Das Ahrensburger Tunneltal ist in der letzten Eiszeit entstanden. Auf den Spuren des Archäologen Alfred Rust folgt ihr dem gleichnamigen Rundweg. Auf zahlreichen bebilderten Infotafeln entlang des Weges gibt es Einblicke in die Flora & Fauna sowie die Archäologie des Gebietes. Highlights sind die Überreste der Burg Arnesvelde (Gräben und Wälle), die man sich mit ein bisschen Fantasie noch vorstellen kann, sowie die auf Pontons schwimmende 320 Meter lange Moorbrücke am Ende des Rundwegs.

Wetter: Anforderung: Gesamtdauer: 1 ½ h

Anforderung: Leicht; ebener Weg; kurzer Abschnitt an einer Straße, ansonsten feine Kies- oder ausgebaute Waldwege. Ein barrierefreier Zugang (für Kinderwagen) zur Strecke bietet sich beim Bhf. Ahrensburg Ost.

Dauer: RW: 1 ½ h; 4,4 km.

Wetter: Auch bei Nieselregen möglich. Das Gebiet kann nach starken Niederschlägen aber auch matschig sein; 100 % Schatten.

Wanderwert für (Geschwister) Kinder:	
2–3 Jahre:	Im Wald ist es immer spannend und es gibt viel zu entdecken. Die gesamte Strecke eignet sich, bis auf wenige Stellen, für Laufräder (s.u.). Da die Strecke recht lang ist, zur Sicherheit noch den Kinderwagen mitnehmen.
4–6 Jahre:	Nur für laufbegeisterte Kinder geeignet. Rund um die Burg Arnesvelde könnt ihr im Wald Strukturen wie Gräben und Wälle erkennen. Kinder können mit ein wenig Fantasie und mit Hilfe der vielen bebilderten Infotafeln gedanklich ins Mittelalter reisen. Siehe 2–3 Jahre.
Kinderfahrrad:	Fahrrad/Laufrad ist gut möglich. Am Teich fällt der Weg kurz ab und ist durch Baumwurzeln erschwert. Hier gut aufpassen und besser absteigen. Auf dem Holzsteg besser nicht fahren, da dieser etwas rutschig werden kann.

Navi: 22926 Ahrensburg, Hamburger Straße 158, P&R-Parkplatz Ahrensburg West (neben McDonald´s)

Anfahrt: A1 Abfahrt Ahrensburg, dann in die Straße Verlängerter Ostring einbiegen. Nach 5,5 km abfahren und rechts in die Manhagener Allee einbiegen, dieser für ca. 5 Minuten folgen, dann links in die Hamburger Straße, nach 3 Minuten erreicht man den P&R-Parkplatz (AP). Einstieg bei Hst. Ahrensburg Ost: A1 Abfahrt Ahrensburg, dann in die Straße Verlängerter Ostring einbiegen. Nach 5,5 km abfahren und rechts in die Manhagener Allee, und gleich wieder links in die Straße „Am Aalfang“ einbiegen und bei U1 Ahrensburg Ost parken.

Bus/Bahn: U1 bis Ahrensburg West. Busse 169, 569, 576, 769 bis Hst. „U Ahrensburg West“. Die Hamburger Straße überqueren, am Ende des P&R-Parkplatzes neben McDonald´s liegt der AP. Mit Kinderwagen besser an der U1 Hst. Ahrensburg Ost aussteigen. Busse 269, 668 und 769 bis Hst. „U Ahrensburg Ost“. Unter der U-Bahnbrücke hindurch und beim Ahrensfelder Weg starten.

Ausgangspunkt/P: AP ist der P&R-Parkplatz Ahrensburg West. Am Ende des Parkplatzes befindet sich eine hohe Fußgängerbrücke mit sehr vielen Stufen, die die Eisenbahngleise überquert. Fahrräder können auf Vorrichtungen gut geschoben werden. Mit Kinderwagen ist es besser, ab der Hst. Ahrensburg Ost einzusteigen. Dort ist ein barrierefreier Zugang zum Wanderweg möglich.

Infos/Gaststätten: Start und Ende: *McDonald´s, Fastfood-Restaurant, Tel. 04102 821707, www.mcdonalds.com

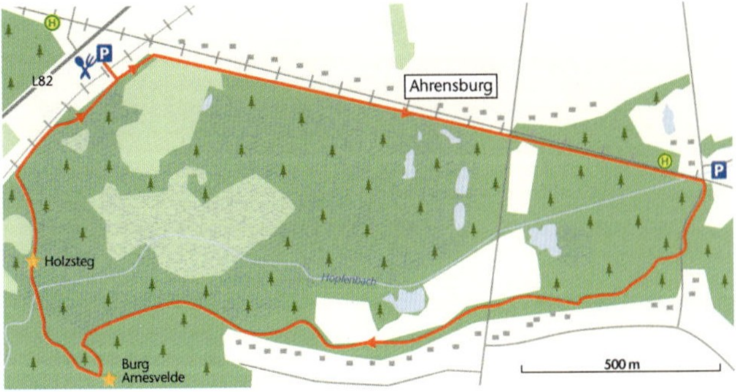

Wegbeschreibung: Der Weg ist grundsätzlich gut beschildert, weshalb ich hier nur markante Wegstellen angebe, die eine Hilfestellung erfordern. Beim Ausgangspunkt gibt es bereits eine Infotafel über den Alfred-Rust-Wanderweg. Die Fußgängerbrücke über die Bahngleise überqueren, dann links der Ausschilderung nach Ahrensburg folgen, bis zum Bhf. Ahrensburg Ost. Hier rechts in die Straße Ahrensfelder Weg einbiegen, dann der Ausschilderung „Archäologisch-Naturkundlicher Rundwanderweg" folgen. Beim Findling leicht rechts. Am Teich geht der Weg kurz abwärts und wird durch Baumwurzeln erschwert. Zu zweit ist es mit dem Kinderwagen kein Problem. Weiter Richtung Burg Arnesvelde halten. Kurz bevor der Weg sehr schmal wird und abwärts verläuft, links abbiegen und dem Wegweiser auf dem Findling folgen. An der Wegkreuzung mit Infotafel rechts halten, leicht abwärts, und dem „Archäologisch-Naturkundlichen Rundwanderweg 1" folgen. Schließlich über den Holzsteg, und dem Weg weiter folgen bis zum AP.

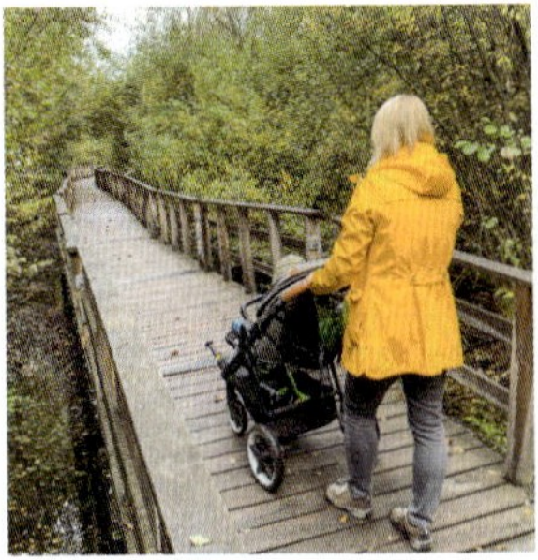

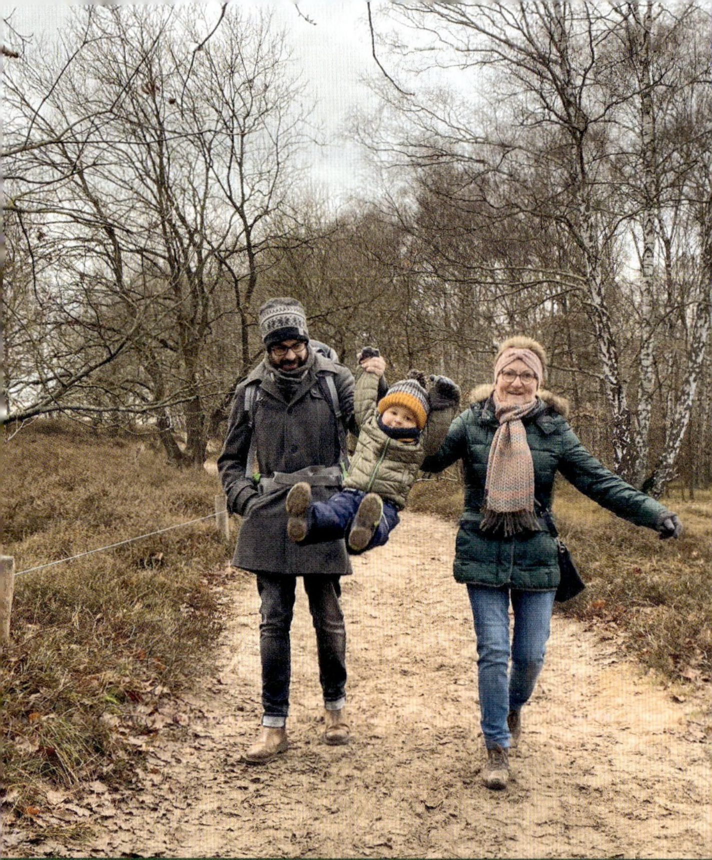

II. Hamburger Osten inkl. Umland

Besuche uns auf Facebook: **wandaverlag**

19 Eichbaumsee Dove-Elbe

Allermöhe: ruhiges Kleinod an der Elbe

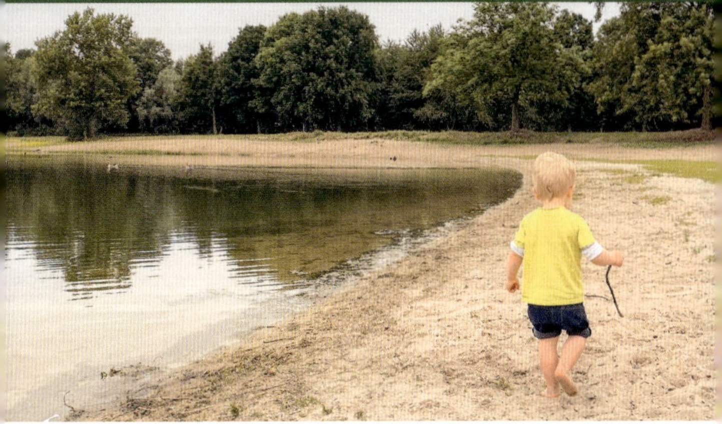

Kurzer ruhiger, aber abwechslungsreicher Rundweg. Besonders schön ist die Kombination der Parkanlage und der Dove-Elbe (Nebenarm der Unterelbe). Auf den weiträumigen Rasenflächen und am breiten Strand könnt ihr picknicken, Wasservögel beobachten und Treibholz sammeln. Ab und an findet ihr seltsam anmutende, mit Gras bewachsene „Röhren“ am Wegesrand. Hobbithäuser? Leider ist das Baden und Planschen im See aufgrund von Blaualgen seit Jahren verboten. Die Blaualgen sind durch die partielle grünliche Färbung des Wassers gut erkennbar. Im Gegensatz dazu ist die Dove-Elbe von der Algenplage nicht betroffen, hier ist Planschen an einigen Uferbereichen möglich.

Wetter: Anforderung: Gesamtdauer: ¾ h

Anforderung: Leicht; ebener Weg; feine Kieswege.

Dauer: RW: ¾ h; 2,7 km.

Wetter: Für jede Jahreszeit geeignet; 25 % Schatten.

Wanderwert für (Geschwister) Kinder:	
2–3 Jahre:	Super geeignet, Planschen jedoch nur im Uferbereich der Dove-Elbe, die nicht von Blaualgen betroffen ist, möglich. Z.B. kurz vor dem Abzweiger zum Badeplatz Ost. Die Strände am See könnt ihr aber zum Picknicken benutzen. Wechselkleidung nicht vergessen!
4–6 Jahre:	Super geeignet. Siehe 2–3 Jahre.
Kinderfahrrad:	Ja.

Navi: 21037 Hamburg, Moorfleter Deich 433.

Anfahrt: A25, Ausfahrt HH-Allermöhe, geradeaus Richtung Moorfleet 1,5 km auf dem Moorfleeter Deich, dann links auf P3.

Bus/Bahn: S2 oder S21 bis Hst. „Mittlerer Landweg", dann mit dem Bus 530 bis Hst. „Moorfleeter Deich 427". Von dort ca. 100 m an der Straße entlang bis zum Parkplatz (AP). Die Bus-Hst. wird nur stündlich angefahren.

Ausgangspunkt/P: AP ist der Parkplatz P3 am Eichbaumsee.

Infos/Gaststätten: *Robin am See, Strandbar mit Snacks und Getränken, Ruhetage: Mo–Do.

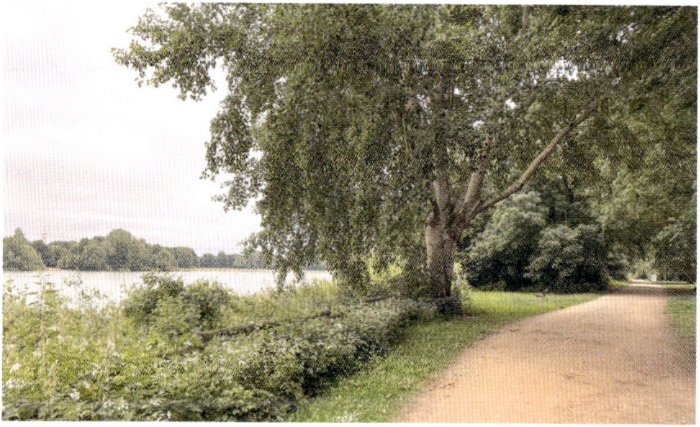

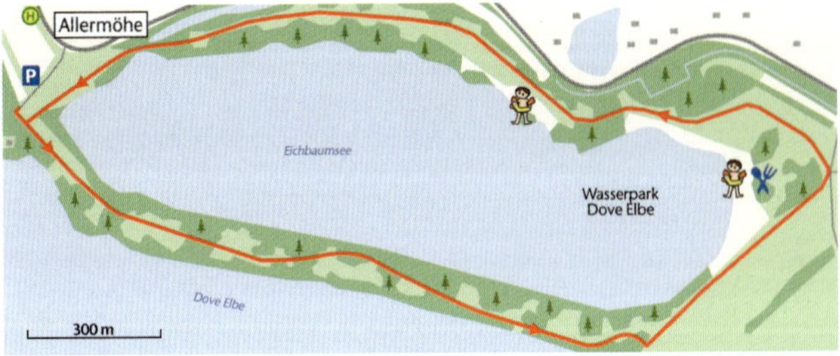

Wegbeschreibung: Vom Parkplatz führt ein Weg in das Naturschutzgebiet hinein (Wegweiser Eichbaumsee), dann geradaus weiter Richtung Pferdeschwemme (Badestelle für Pferde). Dem Weg immer weiter folgen bis zur Weggabelung, dort links halten und an der Badestelle Ost vobei bis zum gepflasterten Rondell. Dort links halten und dem Weg weiter um den See folgen, bis der Weg wieder am Ausgangspunkt endet.

20 Tragetour: Boberger Niederung

Lohbrügge: Strandfeeling ganz ohne Meer

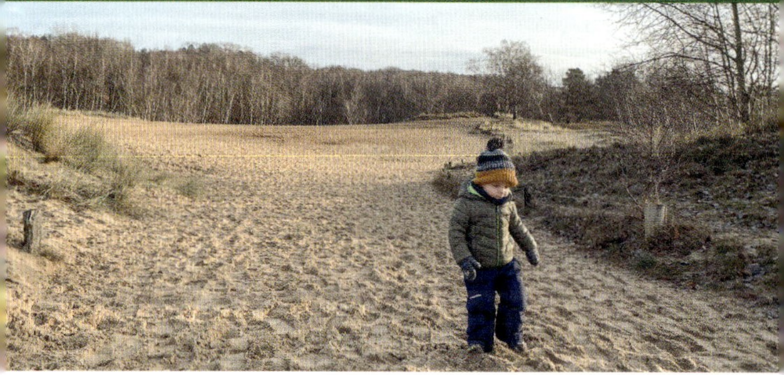

Sand unter den Füßen spüren wie im Urlaub! Hamburgs letzte Wanderdüne ist auch bei uns ein beliebtes Ausflugs- und Wanderziel. Für die Kinder ist es der größte Sandkasten der Stadt. Im Sommer können sich alle nach einer schönen Wanderung durch Dünen- und Heidelandschaft im Boberger See beim Planschen abkühlen. Im Dünenhaus könnt ihr Materialien für vorbereitete Naturerlebnistouren ausleihen. So könnt ihr euch auf die Suche nach Tierfährten im Sand oder Eugen der Eule machen. Es gibt Touren für jede Jahreszeit und Altersgruppe. Die Kinder können so die Natur ganz aktiv erleben.

Wetter: Anforderung: Gesamtdauer: 1 ½ h

Anforderung: Mittel; leichte Steigungen im Bereich der Düne; überwiegend feste und unebene Sandwege, stellenweise loser Sand und asphaltierte Wege.

Dauer: RW: 1 ½ h; 3,5km.

Wetter: Für jede Jahreszeit geeignet; bei Regen nicht zu empfehlen, da es kaum Schutz durch Bäume gibt; 25 % Schatten.

Wanderwert für (Geschwister) Kinder:	
2–3 Jahre:	Im Sommer barfuß durch den Sand zu laufen, macht Kindern jeder Altersgruppe Spaß. Ihr könnt Tiere, wie z.B. Hasen, Rehe und Gänse beobachten. Am benachbarten Segelflugplatz kann man den Fliegern beim Starten und Landen zusehen.
4–6 Jahre:	Die Landschaft ändert sich häufig, wodurch die Strecke kurzweilig wird. Info-Tafeln auf Kinderhöhe über Fauna und Flora. Abkürzung möglich, siehe Skizze und Wegbeschreibung. Siehe 2–3 Jahre.
Kinderfahrrad:	Nein.

Navi: 21033 Hamburg, Boberger Furt 50, Boberger Dünenhaus.

Anfahrt: B5 Richtung Lohbrügge/Bergedorf. Richtung Boberg abbiegen in die Straße Am Langberg. Links in den Schulredder, dann weiter auf Boberger Furt bis zum Boberger Dünenhaus.

Bus/Bahn: S21 bis Hst. „Mittlerer Landweg“, dann mit dem Bus 221 bis Hst. „Boberger Furtweg“, dann 2 min Fußweg. Alternativ mit Metrobus 12 bis Hst. „Schulredder“, von dort 12 min Fußweg.

Ausgangspunkt/P: AP ist beim Boberger Dünenhaus, Boberger Furt 50, 21033 Hamburg. Einen Parkplatz gibt es rund 150 m weiter nördlich an der Ecke Boberger Furt / Walter-Hammer-Weg.

Infos/Gaststätten: *Restaurant Dorfkrug, regionale und saisonale Küche auch mit Kinderkarte, Tel. 040 7398190, www.dorfkrug-boberg.de, Ruhetag: Mo. *Hof Neun Linden (8 min Fußweg vom Dünenhaus), süßes Hofcafé mit Bioladen, Sommergarten und Tieren, Tel. 040 73928199, www.hof-neun-linden.de, Ruhetag: Mo.*Info: Boberger Dünenhaus, Tel. 040 73931266, www.loki-schmidt-stiftung.de, Ruhetag: Mo.

Wegbeschreibung: Der Weg ist grundsätzlich mit einem orangen Schmetterling gekennzeichnet, daher werden hier nur Schlüsselstellen beschrieben: Vor dem Boberger Dünenhaus geht ihr rechts den Feldweg (Sackgasse) hinein, hinter den Gärten rechts in den Weg Richtung Düne abbiegen. Nun immer links halten. Am Ende des Sandweges links auf den Asphaltweg (nach rechts könnt ihr den Weg abkürzen, siehe Skizze), dann an der Gabelung leicht rechts halten, wieder auf einen

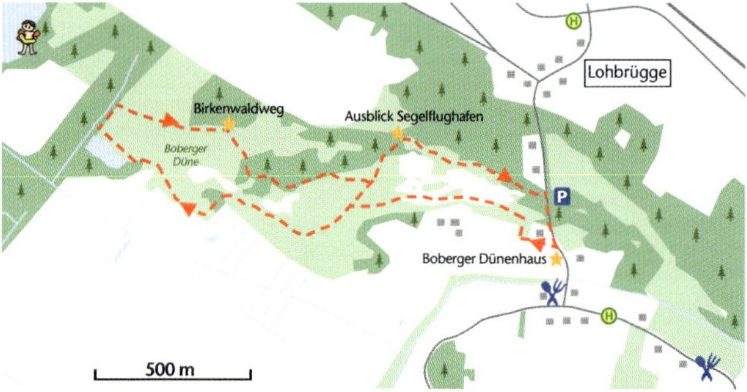

befestigten Sandpfad. An der Kreuzung der Asphaltwege (hinter dem Haarteich) der Ausschilderung zur Boberger Düne folgen. (Zum Boberger See: links abbiegen, Fußweg 3 Min.) Nach dem Birkenwald beim asphaltierten Weg links, dann wieder rechts (Ausblick Segelflughafen). Am Dünenfuß entlang bis zur Straße Boberger Furt (beim Parkplatz). Rechts geht es zum Boberger Dünenhaus zurück.

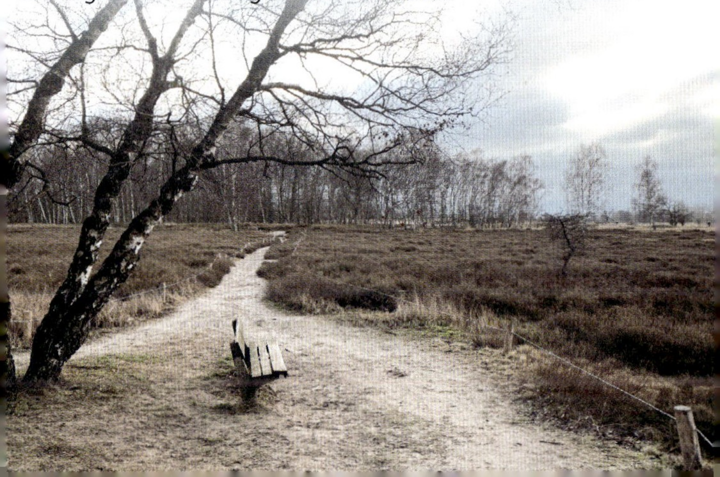

21 Öjendorfer See

Billstedt: der perfekte Sommerausflug

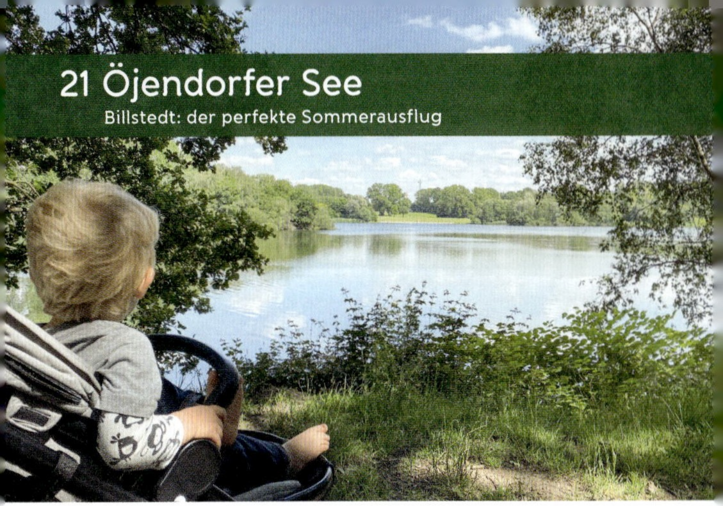

Der Öjendorfer Park ist perfekt für einen sommerlichen Familienausflug. Der Rundweg führt einmal um den See herum, wobei er auf der Westseite ruhig und schattig ist und auf der Ostseite durch die offenen, sonnigen Rasenflächen führt. Wer einmal um den See gegangen ist, belohnt sich vielleicht mit einem Sprung ins Wasser an einer der zwei Badestellen. Die zwei großen Spielplätze sorgen für Abwechslung und Pausen, und im Winter kommen viele Familien hierher, um vom Rodelberg eine Abfahrt zu wagen.

Wetter: Anforderung: Gesamtdauer: 1 ¼ h

Anforderung: Leicht; ebener Weg; feine Kieswege.

Dauer: RW: 1 ¼ h; 3,8 km.

Wetter: Für jede Jahreszeit geeignet, die Westseite des Sees liegt fast vollständig im Schatten, die Ostseite mit der offenen Parkanlage liegt dafür fast vollständig in der Sonne; 50 % Schatten.

Wanderwert für (Geschwister) Kinder:	
2–3 Jahre:	Entlang der Strecke gibt es zwei schöne und große Spielplätze, die für alle Altersgruppen Geräte bereithalten. Auf der Ostseite gibt es zwei ruhige Badestellen im See. Wechselkleidung mitnehmen und Strandmuschel oder Schirmchen nicht vergessen, da es an den Badestellen wenig Schattenplätze gibt.
4–6 Jahre:	Für lauffreudige Kinder geeignet. Es gibt viele Bänke zum Pausieren. Alternativ bleibt man auf der Ostseite des Sees, da diese mehr Abwechslung bietet und somit kurzweiliger ist. Auf ausreichend Sonnenschutz achten, da diese Seeseite kaum Schatten bietet. Siehe 2–3 Jahre.
Kinderfahrrad:	Ja.

Navi: 22117 Hamburg, Parkplatz bei der Kreuzung Barsbütteler Weg und Haßloredder.

Anfahrt: A24, Ausfahrt HH-Jenfeld, rechts in den Schiffbeker Weg, dann rechts in die Rodigallee einbiegen. Hinterm Tierfriedhof Jenfeld rechts halten und weiter auf Holsteiner Tor. Die nächste Straße rechts (Stübels) abbiegen, über die A24 hinweg und danach auf den Parkplatz bei der Kreuzung Barsbütteler Weg/Haßloredder. A1, Ausfahrt HH-Öjendorf, dann Richtung Öjendorf/Horn/Centrum, dann rechts in den Reinskamp und wieder rechts in den Driftredder, nächste Straße links in den Barsbütteler Weg, diesem folgen bis Haßlohredder, dort ist der Parkplatz.

Bus/Bahn: Zu umständlich, da Hst. zu weit entfernt.

Ausgangspunkt/P: AP ist der große Parkplatz Ecke Barsbütteler Weg/Haßloredder.

Infos/Gaststätten: *Imbiss beim AP sowie am Südufer des Sees, Eis, Getränke, kleine einfache Fast-Food-Mahlzeiten, im Herbst/Winter auch heiße Suppen, Glühwein oder Kakao, durchgehend geöffnet.

Wegbeschreibung: Vom Parkplatz führt ein Weg direkt am Imbiss vorbei zum großen Spielplatz. Leicht rechts folgt ihr der Ausschilderung für den Fahrradweg, der gepflasterte Weg führt leicht bergab, beim Hauptweg dann rechts halten und dem Weg immer um den See folgen. Am Südufer des Sees, beim Informationsschild des NABU links

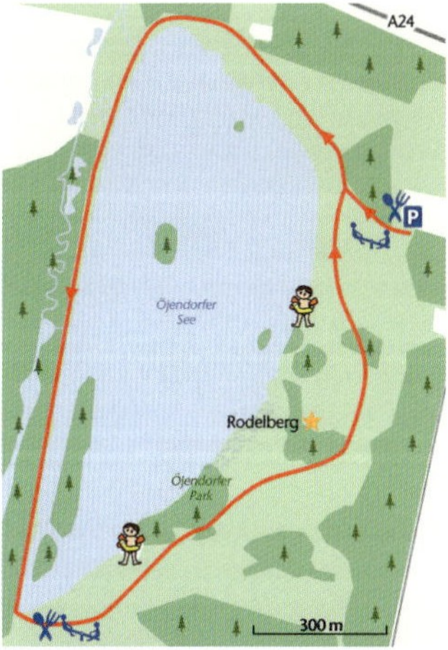

abbiegen, vorbei am Imbiss und einem weiteren Spielplatz führt der Weg wieder auf die sonnige Ostseite des Parkes zurück. Beim Rodelberg gibt es auch die Möglichkeit, rechts abzubiegen, und beim überdachten Unterstand dann links den Weg durch das Wäldchen weiterzugehen. Dort bleibt der Weg schattig. Bleibt man auf dem unteren Weg, so führt dieser am Spielplatz vorbei und schließlich wieder rechts herum, leicht bergan zurück zum Ausgangspunkt.

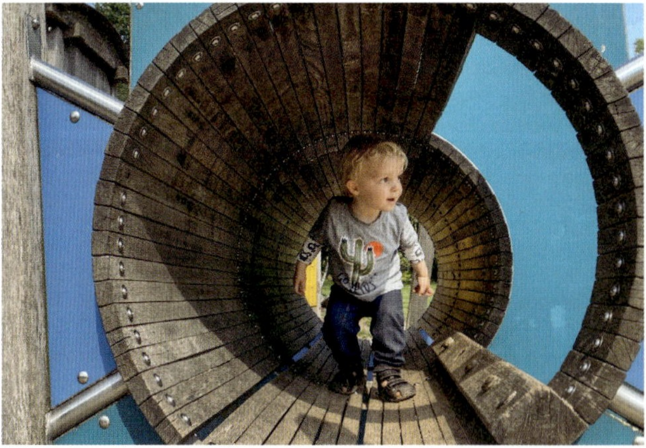

22 Bille-Wanderweg

Lohbrügge: zum Wikingerschiff an der Bille

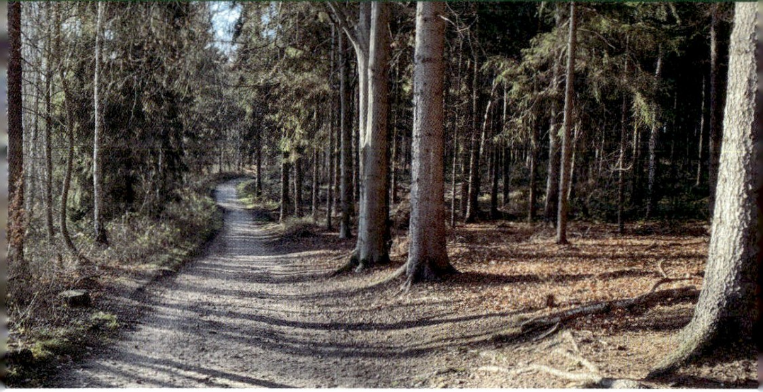

Hier bei Lohbrügge ist die Bille noch ein schmales, klares und idyllisches Flüsschen, bevor sie später kanalisiert wird und in die Elbe mündet. Der Weg schlängelt sich zunächst entlang der sehr idyllisch gelegenen Bille (bei Hochwasser kann der Fluss schon einmal über die Ufer treten), durchquert danach den Krähenwald, um anschließend den Blick von einer Anhöhe aus auf Bergedorf und Lohbrügge zu ermöglichen. Danach geht es leicht bergab zurück, wo ein großes Wikingerschiff auf kleine AbenteurerInnen wartet.

Wetter: ◑ Anforderung: Gesamtdauer: 1–1 ¼ h

Anforderung:	Leicht–mittel; größtenteils ebener Weg, im Krähenwald für ca. 5 min bergauf; feine Kies- oder ausgebaute Waldwege.
Dauer:	RW: 1–1 ¼ h; 4,1 km.
Wetter:	Trockenes Wanderwetter, nach Regentagen können die Wege matschig sein; 50 % Schatten.

Wanderwert für (Geschwister) Kinder:	
2–3 Jahre:	Insgesamt gibt es drei Spielplätze auf dieser Route, die ungefähr im gleichen Abstand zueinander liegen. Der größte und für Kinder interessanteste liegt am Anfang/Ende der Tour.
4–6 Jahre:	Für lauffreudige Kinder geeignet. Der Weg lässt sich auch um ca. 15 min abkürzen. Da die Spielplätze sich gut über die gesamte Strecke verteilen, bieten sie einen extra Anreiz für kleine Wandermuffel. Siehe 2–3 Jahre.
Kinderfahrrad:	Ja. Beim Anstieg im Wald müsste das Laufrad/Fahrrad jedoch getragen/geschoben werden (350 m).

Navi: 21031 Hamburg, Stormarnhöhe 6.

Anfahrt: Von der B5 (aus Hamburg kommend) links in den Sander Damm einbiegen und diesem für 1,4 km folgen, dann links in die Straße Bobzienweg, dann wieder links in die Stormarnhöhe. Kurz vor der Kehre parken. Am Ende der Kehre über die Habermannstraße zum AP.

Bus/Bahn: Bus 12, 136 und 137 bis Hst. Bornmühlenweg.

Ausgangspunkt/P: AP ist die Bus-Hst. „Bornmühlenweg".

Infos/Gaststätten: *An der Wegstrecke direkt keine Gaststätten. Eine schöne Picknickmöglichkeit mit tollem Ausblick bietet sich am Ausgang des Krähenwaldes beim Spielplatz.

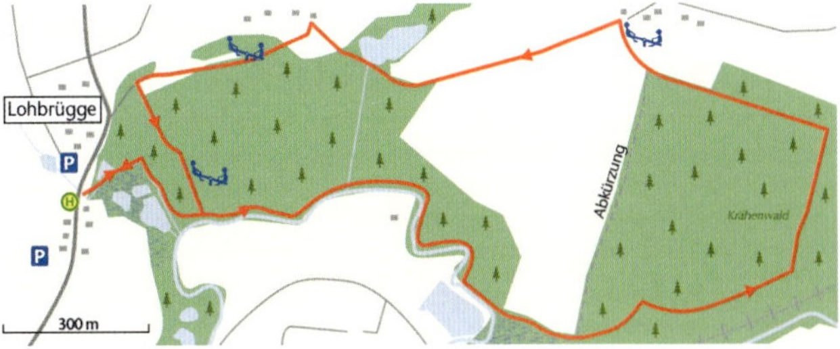

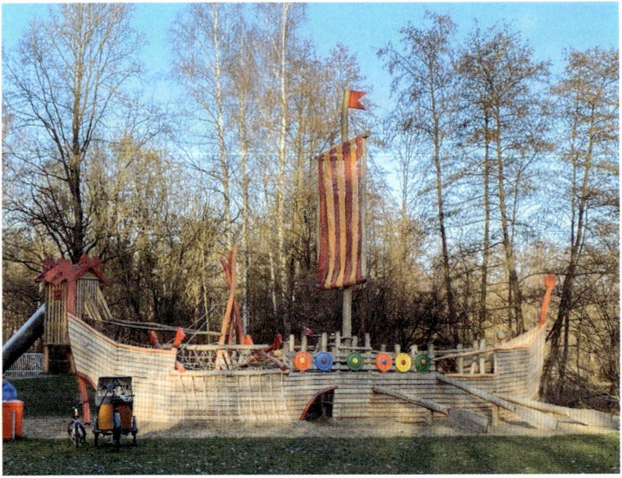

Wegbeschreibung: Hinweis: Dieser Weg ist nicht beschildert, deshalb bei den Abzweigungen gut achtgeben. Beim Ausgangspunkt an der Ampel den Weg hinab zum Bornmühlenbach nehmen. An der Gabelung links halten und dem Weg an der Bille folgen. Kurz vor der großen Holzbrücke weiter links halten, am Feld vorbei bis zum Wald. (Abkürzung: links dem Weg am Feld- bzw. Waldrand folgen). Für die Waldrunde den Weg weiter gehen, dann rechts bis zum Strommast. Hier links gehen. An der Gabelung beim Wohngebiet links und am Ende des Waldes rechts. Am Spielplatz vorbei führt der Weg durch zwei Felder. Hinter dem Teich haltet ihr euch links und am Ende der Kleingartensiedlung wieder links. Nach dem Spielplatz mit dem Wikingerschiff geht der Weg rechts weiter und wieder rechts am Bornmühlenbach entlang zurück zum Ausgangspunkt.

23 Höltigbaum: Gletscherspur

Rahlstedt: auf den Spuren der letzten Eiszeit

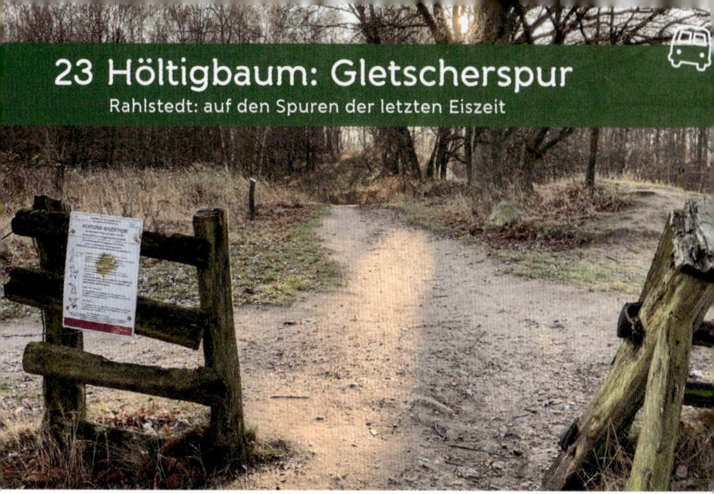

Abwechslungsreiche und an manchen Stellen etwas abenteuerliche Themenrunde, auf der vieles über die Gletscher der letzten Eiszeit gelernt werden kann, die dieses Gebiet einst überzogen. Die schöne Runde, auf der ihr auch über die Weiden der Galloways und der Schottischen Hochlandrinder wandert, geht man am besten mit Trage. Mit Kinderwagen ist dieser Weg nur zu zweit möglich (siehe unter Anforderungen). Bitte unbedingt an die ausgeschilderten Verhaltensregeln halten und evtl. den Hund besser zu Hause lassen.

Wetter: Anforderung: Gesamtdauer: 1 ¼ h

Anforderung:	Schwer bzw. nur zu zweit mit geländegängigem Kinderwagen möglich, daher mit Trage empfohlen. Untergrund ist matschig, manchmal abschüssig und mit Holzbohlen durchzogen; schmale Durchgänge.
Dauer:	RW: 1 ¼ h; 3,4 km.

Wetter: Perfekt für Frühling bis Spätsommer, nach Regen können die Wege stellenweise sehr matschig sein; 75 % Schatten.

Wanderwert für (Geschwister) Kinder:	
2–3 Jahre:	Es gibt viele Tiere zu sehen: Bentheimer Landschafe, Galloways und Schottische Hochlandrinder sowie Ziegen. Freizeitfläche am Ende des RW, Natur kann hautnah erlebt werden, kleiner Barfußpfad.
4–6 Jahre:	Siehe 2–3 Jahre. Mit Hilfe von Erwachsenen können sich Kinder auf die Suche nach Emil, dem roten Eichhörnchen machen, siehe unter Infos.
Kinderfahrrad:	Nein.

Navi: 22143 Hamburg, Eichberg 63. Parken in der Straße Eichberg oder Neuer Höltigbaum.

Anfahrt: 1) A1 Ausfahrt Stapelfeld, Richtung Hamburg auf der Sieker Landstraße fahren und rechts in das Industriegebiet auf die Straße Neuer Höltigbaum abbiegen. Hinter der Wendekehre, gleich hinter dem Graben, rechts abbiegen, weiter bis zur Schranke des Naturschutzgebietes, dort parken. Zu Fuß hinter der Schranke links bis zum „Haus der Wilden Weiden". 2) Von der B75 kommend auf den Ring 3 („Höltigbaum") fahren. Links abbiegen in den Eichberg, bis zum Parkplatz vor der Schranke. Dann zu Fuß weiter bis zum „Haus der Wilden Weiden" gehen.

Bus/Bahn: Bus 462 bis Hst. „Naturschutzgebiet Höltigbaum", über die Wendekehre, rechts bis zur Schranke, dann links zum Haus der Wilden Weiden oder Bus 562 bis Hst. „Eichwischen". Von dort rechts in die Straße Eichberg und dieser für ca. 12 min folgen.

Ausgangspunkt/P: AP ist das Haus der Wilden Weiden.

Infos/Gaststätten: *Haus der Wilden Weiden, Ausstellungs- und Informationshaus mit Café und Kinderbereich, Tel. 040 1804486015, www.hoeltigbaum.de, Ruhetage: Mo–Mi, Öffnungszeiten variieren je nach Jahreszeit. *Infomaterial und Broschüren zu den einzelnen Erlebniswegen auch zum Download auf www.hoeltigbaum.de. Im Haus der Wilden Weiden können Rallye-Rucksäcke (zu Emil, dem Eichhörnchen) ausgeliehen werden, die Infomaterial und einen Fragebogen enthalten. Hat man alle Fragen richtig beantwortet, bekommt am Ende eine kleine Belohnung.

Wegbeschreibung:

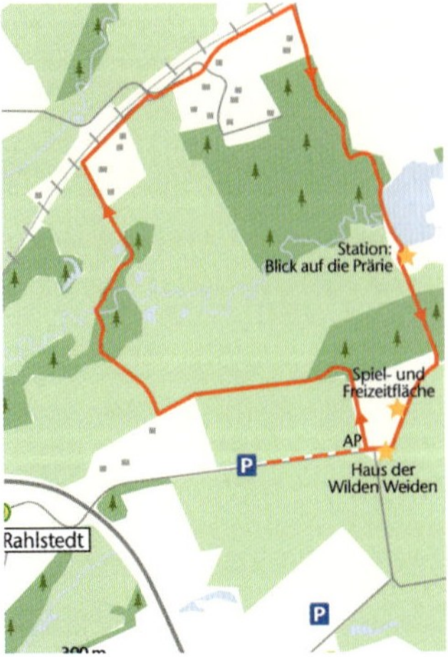

Vom Eichberg kommend beginnt links vor dem Haus der Wilden Weiden (bei den zwei Betonpfeilern) der Rundweg „Gletscherspur“ (weiße Schneeflocke auf blauem Grund). Der gesamte Weg ist mit dem entsprechenden Symbol gekennzeichnet, daher werden hier nur knifflige Stellen ausgeführt. Am Anfang sind ein paar Stufen zu überwinden. Nach der Überquerung der Wandse beginnt das kurze (ca. 250 m), aber für Kinderwägen schwierige Teilstück. Am Ende des Naturschutzgebietes rechts in den Hagenweg einbiegen und diesem für ca. 8 Min. folgen. Bei der Hinweistafel zum Stellmoorer-Tunneltal rechts abbiegen. Nach Station 16 weiter geradeaus, bis der Weg an der Freizeitfläche endet. Rechts herum kommt ihr zurück zum Haus der Wilden Weiden.

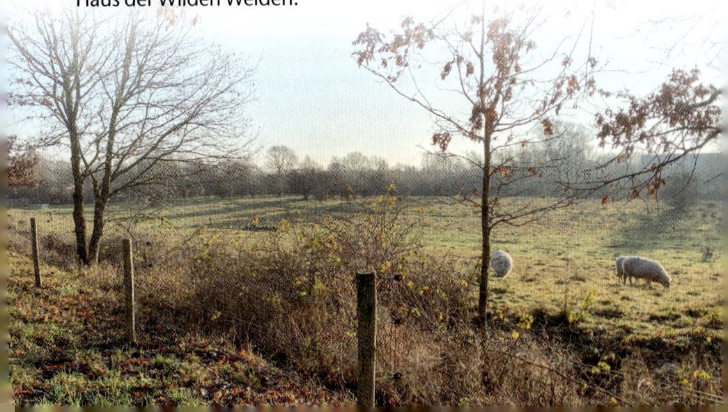

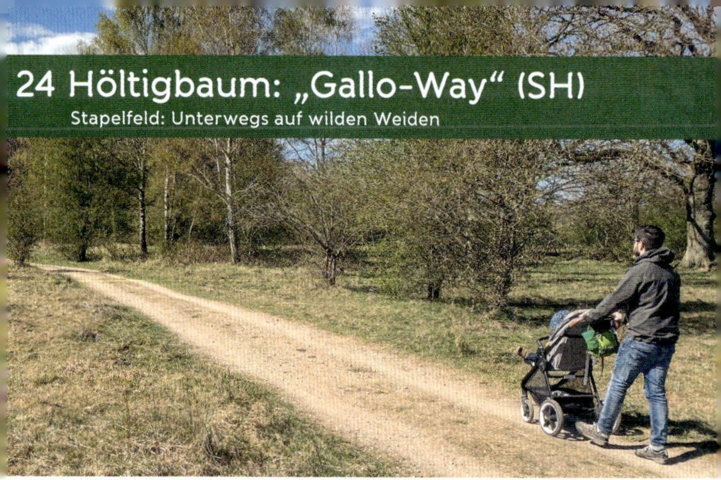

24 Höltigbaum: „Gallo-Way" (SH)

Stapelfeld: Unterwegs auf wilden Weiden

Auf dem ehemaligen Militärgelände ist durch die fehlende landwirtschaftliche Nutzung eine steppenähnliche Landschaft entstanden, die heute durch eine offene Weidelandschaft, die "wilden Weiden", genutzt wird. Ein tolles Erlebnis für Kinder sind die Galloway- und Highlandrinder, aber auch Ziegen und Schafe, die hier fast frei leben, und einem auf den Wanderwegen begegnen. Die Themenrundwege durch das Naturschutzgebiet sind gut ausgeschildert und auch miteinander kombinierbar. Allerdings sind die Wege etwas holprig, daher nicht mit wenige Wochen alten Babys empfehlenswert.

Wetter: ◑ | Anforderung: ● | Gesamtdauer: 1 ¾ h

Anforderung: Mittel; ebene, gut ausgebaute Waldwanderwege, für 1 km Plattenwege, letzter Abschnitt (ca. 900 m) an der Wandse schmaler, sehr holpriger Pfad.

Dauer: RW: 1 ¾ h; 4,2 km.

Wetter: Geeignet für klassisches Wanderwetter, nach starkem Regen tw. sehr matschig; 50 % Schatten.

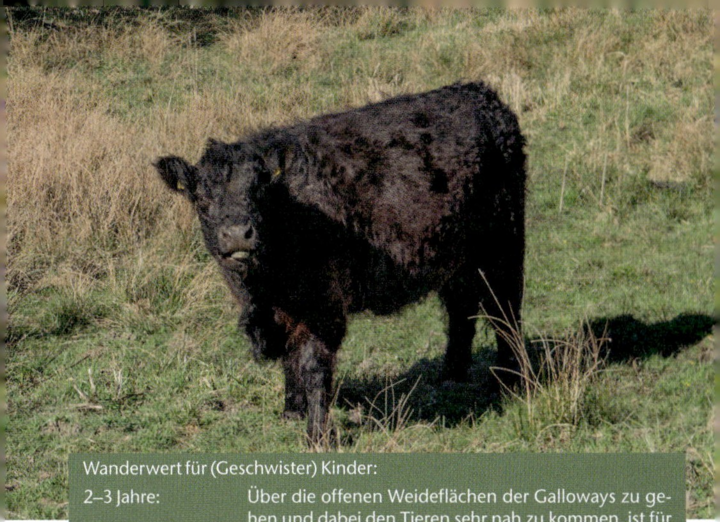

Wanderwert für (Geschwister) Kinder:

2–3 Jahre:	Über die offenen Weideflächen der Galloways zu gehen und dabei den Tieren sehr nah zu kommen, ist für Kinder ein tolles Erlebnis. Dabei sollten sich aber immer alle an die ausgeschriebenen Verhaltensregeln halten.
4–6 Jahre:	Ältere Kinder können sich bei den einzelnen Stationen über Tiere und Natur informieren. Dazu vorher die Broschüre downloaden (www.hoeltigbaum.de). Aufgrund der Landschaft und der Tiere recht kurzweilige Tour. Siehe 2–3 Jahre.
Kinderfahrrad:	Nur Teilstrecken mit Laufrad geeignet, z.B. auf den Plattenwegen.

Navi: 22145 Stapelfeld, Ahrensburger Weg 4, EEW Energie from Waste GmbH

Anfahrt: A1, Autobahnausfahrt Stapelfeld, Alte Landstraße Richtung Höltigbaum/ Gewerbegebiet Stapelfeld, dann in den Ahrensburger Weg bis zur Müllverbrennungsanlage.

Bus/Bahn: Die Hst. „Stapelfeld, Müllverbrennungsanlage" wird nur 1x tgl. angefahren. Anreise besser mit dem Auto.

Ausgangspunkt/P: Wanderparkplatz Höltigbaum, Ecke Ahrensburger Weg/ Meiendorfer Amtsweg.

Infos/Gaststätten: *An der Wegstrecke gibt es keine Gaststätten. *Infos: www.hoeltigbaum.de.

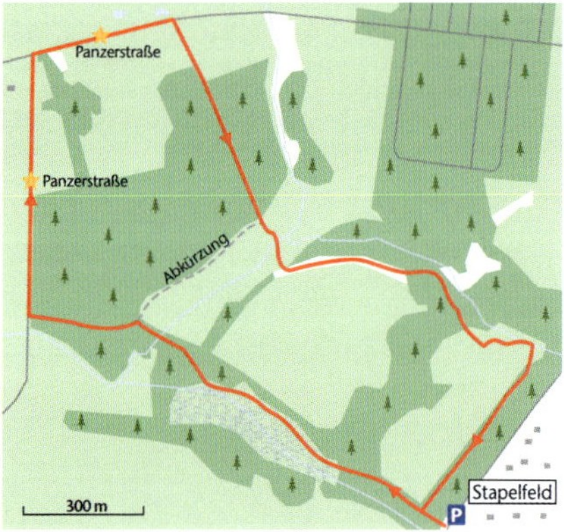

Weg-beschreibung: Hinweis: Dieser Rundweg ist vom Parkplatz weg sehr gut ausgeschildert (dunkelrotes Rind). An dieser Stelle werden daher nur Schlüsselstellen genauer genannt, die eventuell einer besseren Beschreibung bedürfen. Beim Weidegatter nach der Station 4 führt der Hauptweg links entlang. (Rechts herum ließe sich der Weg abkürzen zur Station 13.) An der T-Kreuzung der Plattenwege rechts weiter durch ein Weidegatter. Danach achtgeben, hier haben wir uns selbst beim ersten Mal verlaufen: Bei der Holzbank mit dem plattdeutschen Spruch rechts den Kiesweg entlang. An der Lichtung beim Findlingsstein leicht links abbiegen. Der weitere Pfad ab hier ist sehr holprig und schmal. Bei Station 17 rechts in den breiteren Weg und diesem bis zur nächsten Kreuzung folgen. Dann links halten und zum AP zurück.

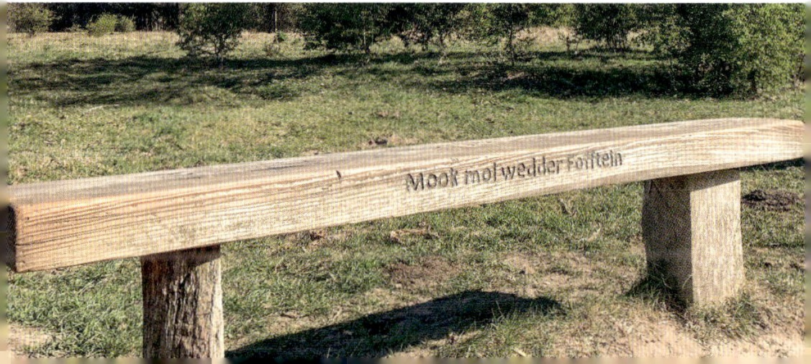

25 Glinder Mühlenteich (SH)

Glinde: Runde an der Glinder Au

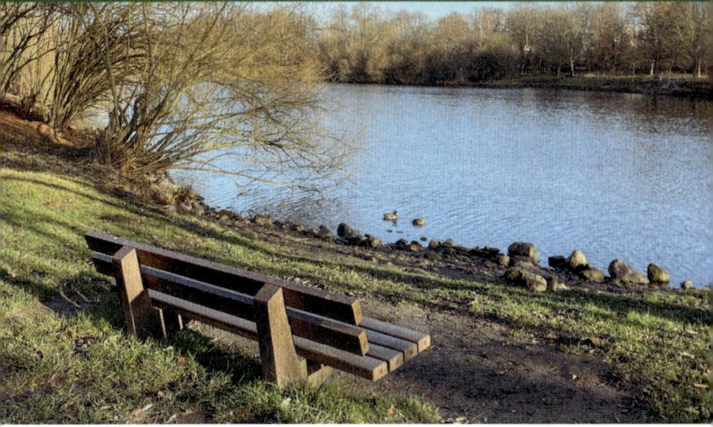

Landschaftlich sehr schöne, kurze Runde um den Mühlenteich und durch das Naherholungsgebiet Friederici-Park. Enten und Gänse sind häufige Gäste am Teich und im Sommer können Kinder am Uferbereich an einigen Stellen planschen. Im Museum der Glinder Mühle könnt ihr u.a. das große Wasserrad anschauen und vieles über den Bereich Handwerk, Haus, Hof und Landwirtschaften der Vergangenheit lernen.

Wetter: ◐ Anforderung: ● Gesamtdauer: ½ h

Anforderung: Leicht; ebener Weg; feine Kies- oder ausgebaute Waldwege.

Dauer: RW: ½ h; 1,9 km.

Wetter: Für jede Jahreszeit geeignet; 50 % Schatten.

Wanderwert für (Geschwister) Kinder:	
2–3 Jahre:	Am Mühlenteich gibt es gleich zu Anfang der Runde zwei Stellen zum Planschen am Ufer sowie zahlreiche Enten und Gänse.
4–6 Jahre:	Der RW ist landschaftlich abwechslungsreich und aufgrund der Länge ideal für Kinder in diesem Alter. Siehe 2–3 Jahre.
Kinderfahrrad:	Ja.

Navi: 21509 Glinde, Kupfermühlenweg 7.

Anfahrt: 1) A24 Ausfahrt Reinbek auf die K80 Richtung Willinghusen, dann links auf die Stemwarder Landstraße, dann links auf den Glinder Weg, nach 1,5 km in den Kupfermühlenweg (Ausschilderung Museum Kupfermühle). 2) A1 Ausfahrt Barsbüttel, dann links auf die K80 Richtung Willinghusen, rechts in die Stemwarder Landstraße, dann weiter wie bei 1).

Bus/Bahn: S2 und S21 bis Reinbek, dann mit dem Bus 237 bis Hst. „Glinde, Kupfermühlenweg", Bus 737 bis Hst. "Glinde, Kupfermühlenweg".

Ausgangspunkt/P: AP ist der Parkplatz am Kupfermühlenweg vor dem Museum Glinder Mühle.

Infos/Gaststätten: *San Lorenzo (in der Villa Bode), gehobene italienische Küche in schöner Gründerzeitvilla mit Sommerterrasse und Wintergarten, Tel. 040 7112424, www.san-lorenzo-glinde.de, Ruhetage: So und Mo. Info: *Museum Glinder Kupfermühle, Tel. 040 7104776, www.hbv-glinde.de, Öffnungszeiten: Sonntag 14–17 Uhr.

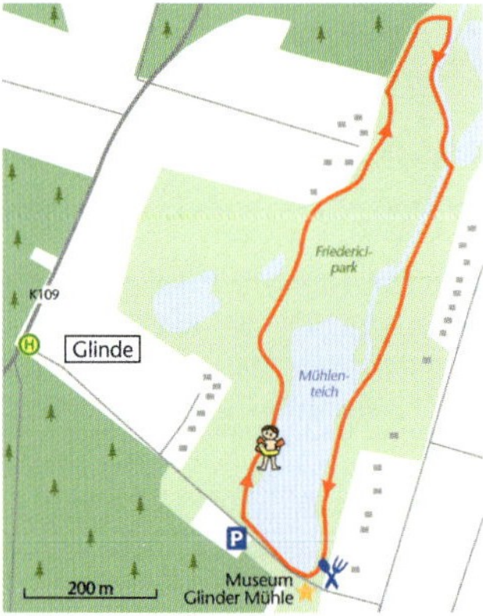

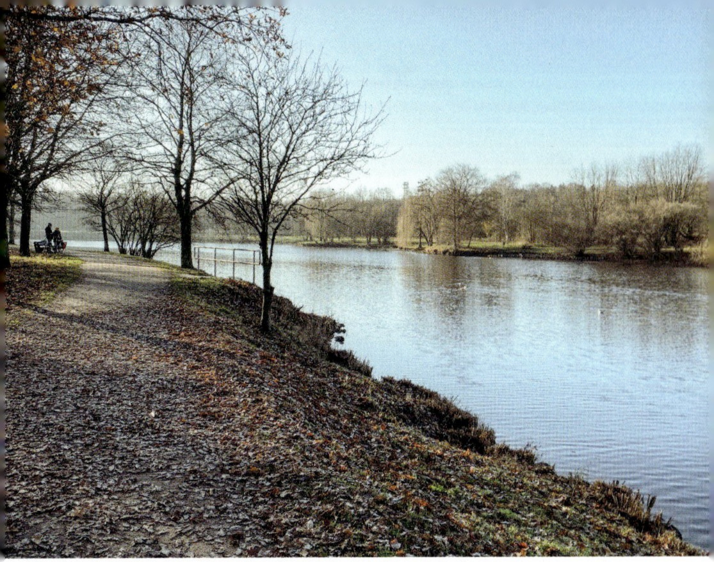

Wegbeschreibung: Gegenüber dem Parkplatz beginnt der Rundweg bei der Informationstafel. Der Weg führt zunächst entlang des Mühlenteiches und geht dann in den Friederici-Park über. Dem Weg immer folgen bis zu einer Holzbrücke. Vor der Brücke rechts abbiegen und dem Wegweiser „Rundweg Mühlenteich" folgen. Nun geht es entlang der Glinder Au zurück bis zum Mühlenteich, vorbei an der Villa Bode, die einst zum Mühlenbetrieb gehörte und in der sich heute ein italienisches Restaurant befindet. Am Kupfermühlenweg dann wieder rechts zurück zum Parkplatz. Wer möchte, kann hier der Glinder Mühle noch einen Besuch abstatten (siehe unter Infos).

26 Tragetour: Schlangenweg (SH)

Sachsenwald: Wandern auf abenteuerlichen Pfaden

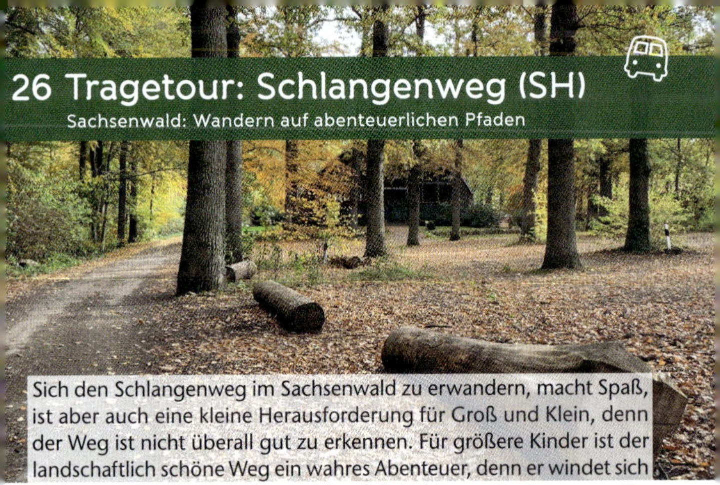

Sich den Schlangenweg im Sachsenwald zu erwandern, macht Spaß, ist aber auch eine kleine Herausforderung für Groß und Klein, denn der Weg ist nicht überall gut zu erkennen. Für größere Kinder ist der landschaftlich schöne Weg ein wahres Abenteuer, denn er windet sich schlangenähnlich durch den Wald und die Zahlen an den Bäumen müssen erst entdeckt werden. Hier ist etwas Trittsicherheit erforderlich. Die alternative Kinderwagenstrecke ist kurzweilig, aber nicht weniger interessant und bietet mit Ponywiesen und dem Eisenbahnmuseum tolle Erlebnisse für die ganze Familie.

Wetter: Anforderung: Gesamtdauer: 1–1 ½ h

Anforderung: Kinderwagenweg: leicht; ebener Weg; feine Kies- oder ausgebaute Waldwege. Tragetuchstrecke: mittel–schwer; leichte Steigungen; schmale, tw. kaum zu erkennende Waldpfade und tief hängende Äste.

Dauer: Kinderwagenweg: 1 Strecke: ½ h; 1,9 km. Tragetuchstrecke als RW: 1 ½ h; 4,5 km.

Wetter: Die Kinderwagenstrecke ist zu jeder Jahreszeit begehbar, den Tragetuchweg empfehle ich für Frühjahr bis Spätsommer. Nach Regentagen kann der Weg sehr rutschig sein; 100 % Schatten.

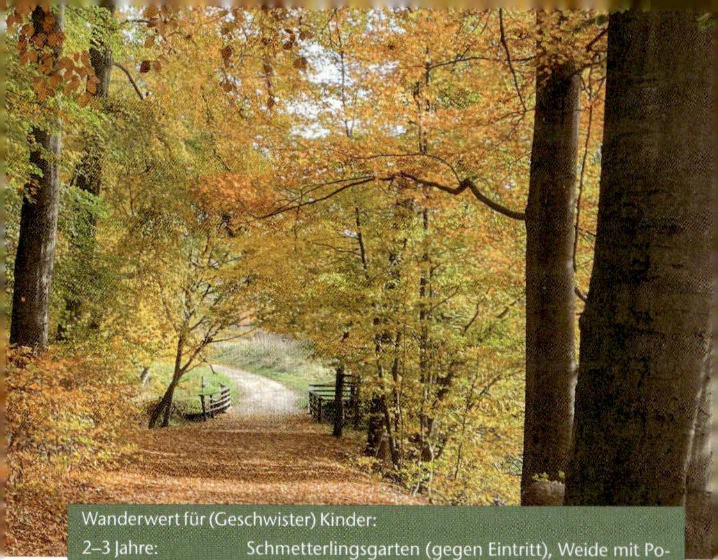

Wanderwert für (Geschwister) Kinder:	
2–3 Jahre:	Schmetterlingsgarten (gegen Eintritt), Weide mit Ponys und Schafen, Eisenbahnmuseum Lokschuppen Aumühle (siehe Info). Der Schlangenweg ist besser mit Tragetuch/Kraxe zu bewältigen. Kleinkinder sollten an zahlreichen Stellen an die Hand genommen werden, da der Weg steil zur Seite abfällt.
4–6 Jahre:	Der Schlangenweg ist für ältere gehfreudige Kinder super geeignet. Hier kann man sich als Scout üben und die kleinen Zahlen an den Bäumen suchen. Siehe 2–3 Jahre.
Kinderfahrrad:	Nur auf der Kinderwagenstrecke möglich.

Navi: 21521 Friedrichsruh, Am Museum 2, Bismarck-Museum.

Anfahrt: A24 Ausfahrt Witzhave, auf die Möllner Landstraße Richtung Witzhave einbiegen, dann weiter bis nach Grande fahren. Dort rechts in die Lauenburger Straße, dann wieder rechts in die Sachsenwaldstraße (L208). Dieser für 6,9 km bis zum AP folgen.

Bus/Bahn: Hinweis: Mit öffentlichen Verkehrsmitteln bietet sich ein anderer als der u.a. Ausgangspunkt an, nämlich die S-Bahn-Hst. „Aumühle" (S21) bzw. die gegenüberliegende Straße „Am Mühlenteich", siehe Skizze und Wegbeschreibung.

Ausgangspunkt/P: AP ist der Parkplatz am Bismarck-Museum Friedrichsruh.

Infos/Gaststätten: *Bismarck-Museum Friedrichsruh, Tel. 04104 97710, www.bismarck-stiftung.de, Ruhetag: Mo. *WaldesRuh am See, Tel. 04104 69530, regionale Küche phantasievoll interpretiert, www.waldesruh-am-see.de. *Eisenbahnmuseum Lokschuppen Aumühle, Tel. 04104 9639208, www.vvm-museumsbahn.de, nur am Sonntag von 11–17 Uhr geöffnet, Eintritt frei.

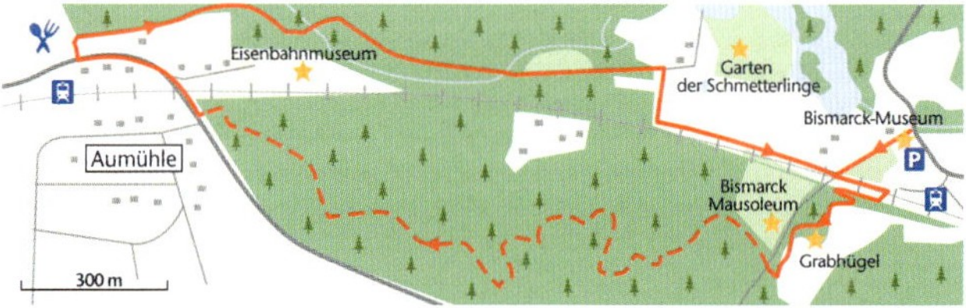

Wegbeschreibung: Hinweis: Der Weg ist durchgehend mit der Nummer „6" gekennzeichnet, daher werden hier nur Stellen aufgeführt, die etwas kniffelig sind. Vom Museum biegt ihr zunächst in die Straße „Am Museum" ein, an deren Ende ihr durch die Bahnunterführung geht. Dann scharf links und leicht bergan. Ab hier immer der Wegbezeichnung „6" folgen. Bei der Pferdekoppel rechts den schmalen Pfad mit der Treppe herunter und auf der anderen Straßenseite weiter dem Weg folgen. Kurz nach dem Mausoleum an der Weggabelung den mittleren (!) Weg wählen. Die Zahl „6" ist hier an einen schmalen Baum gepinselt. Ist der Weg einmal nicht so gut zu erkennen, ist die Wegnummer immer wieder in Sichtweite an die Bäume gemalt! An der Hauptstraße dann rechts, und wieder rechts in die Straße „Am Mühlenteich" einbiegen. Hier ist auch der AP für die Kinderwagenstrecke: Ab der Straße „Mühlenteich" (gegenüber dem Bhf. Aumühle) immer der Ausschilderung „Schmetterlingsgarten" folgen. Hinter dem Parkplatz des Schmetterlingsgartens rechts in den Schlossweg, dann links an der Schlossmauer entlang und wieder links zurück zum Bismarck-Museum. Gleicher Rück- wie Hinweg.

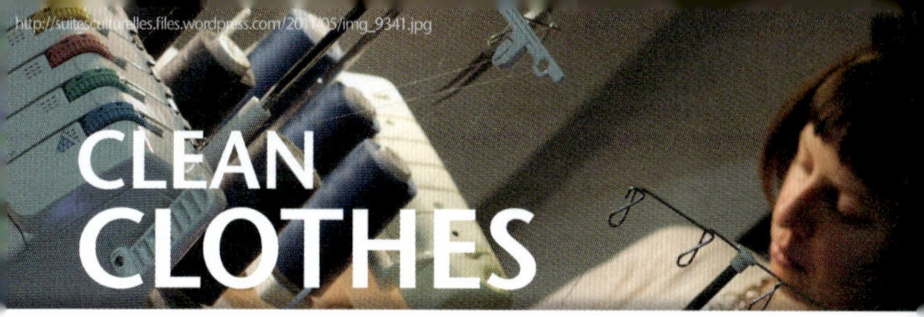

KAMPAGNE FÜR „SAUBERE“ KLEIDUNG WELTWEIT

Der Großteil unserer Kleidung wird in Lateinamerika, Asien und Afrika hergestellt. Die normale Arbeitszeit beträgt zwischen 14 und 17 Stunden täglich, sieben Tage die Woche! Die sklavenähnlichen Bedingungen der ArbeiterInnen erinnern an die Bedingungen in Europa im 19. Jahrhundert. Nur, dass diesmal Reich & Arm nicht mehr im selben Land, sondern 10.000 Kilometer entfernt voneinander leben. In den Fabriken hängen oft Markenhemden und Billighemden nebeneinander. Ein teures Markenhemd sagt keinesfalls aus, dass die Arbeitsbedingungen bei der Hestellung besser waren.

Die Clean Clothes-Kampagne, die von hunderten Organisationen und ArbeiterInnenvereinigungen rund um die Welt getragen wird, setzt sich für die Rechte der ArbeiterInnen und eine Verbesserung der Arbeitsbedingungen in der internationalen Bekleidungs- und Sportartikelindustrie ein.

Wer bekommt die 100,– Euro für meine Sportschuhe?

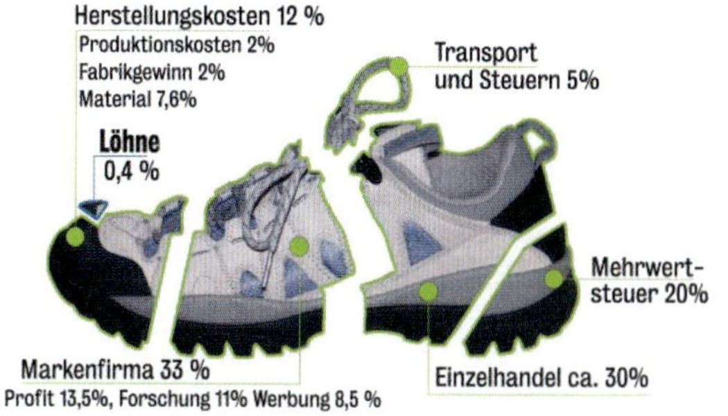

SCHREIBEN SIE UNS ODER RUFEN SIE UNS AN!

Abonnieren Sie kostenlos den Rundbrief der Clean Clothes-Kampagne und informieren Sie sich über Herstellungsweisen – z.B. was hinter Markenartikel-Herstellern steckt:

CH: www.cleanclothes.ch D: www.sauberekleidung.de Ö: www.cleanclothes.at

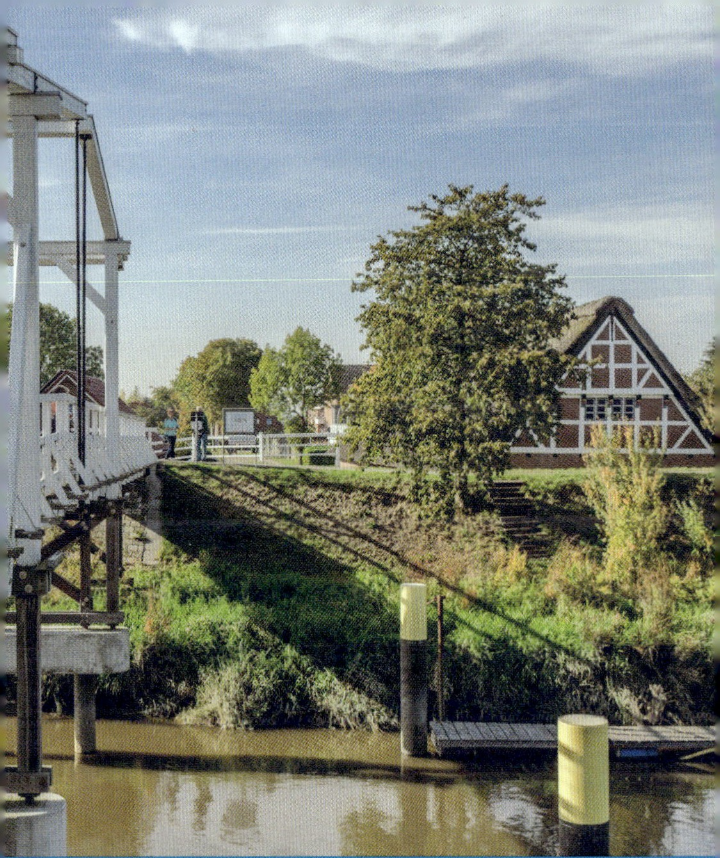

III. Hamburg Mitte-Süden inkl. Umland

27 Um die Außenalster

Hamburg Zentrum: ein Klassiker der Hansestadt

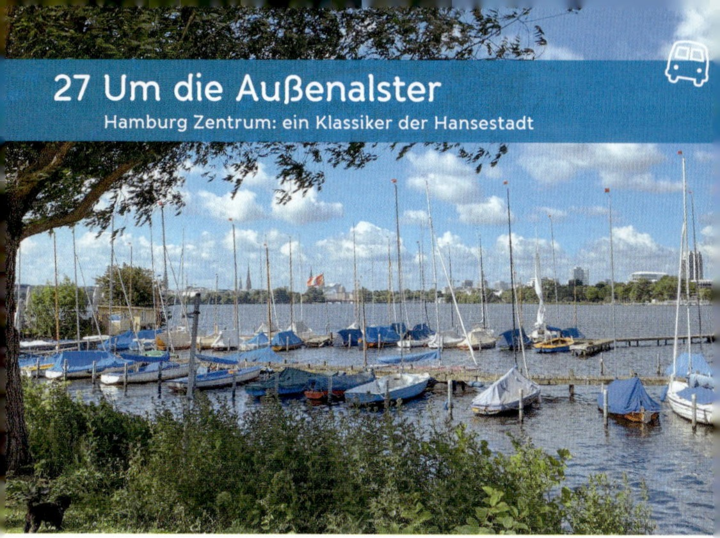

Der Rundweg einmal um die Außenalster ist ein absoluter Klassiker. Während ihr euch den Weg unter der Woche nur mit ein paar JoggerInnen teilt, ist die Strecke an Wochenenden bei schönem Wetter bei den HamburgerInnen äußerst beliebt und dementsprechend hoch frequentiert. Der Rundweg lässt sich praktisch von überall aus starten und verkürzen, indem ihr einfach in einen der Busse Richtung Innenstadt hüpft. Von kurzen Bereichen über Brücken und an Straßen entlang abgesehen, verläuft der Weg immer im grünen Uferbereich der Alster.

Wetter: ☀ ☃ ◑ Anforderung: ● ● Gesamtdauer: 2 h

Anforderung:	Technisch leicht, da ebener Weg; überwiegend feine Kieswege oder asphaltierte Gehwege. Konditionell anspruchsvoll, wenn ihr die komplette Tour gehen möchtet. Verkürzungen möglich.
Dauer:	RW: 2 h; 7,4 km.
Wetter:	Zu jeder Jahreszeit schön; 50 % Schatten.

Wanderwert für (Geschwister) Kinder:	
2–3 Jahre:	Tiere auf der Außenalster: Schwäne, Enten, Gänse, Kormorane. Jede Menge Segel-, Tret- und Ruderboote und Alsterschiffe zu beobachten, Schaukeln auf der Westseite und Spielplätze auf der Ostseite der Alster.
4–6 Jahre:	Verkürzungen durch Rückfahrt mit einem der zahlreichen Busse möglich. Siehe 2–3 Jahre.
Kinderfahrrad:	Ja.

Navi: 20354 Hamburg, Fontenay 15 (Kriegerdenkmal).

Anfahrt: Vom Ring 2 in die Osterstraße einbiegen (später Bundesstraße) und dieser bis zur Verbindungsbahn folgen. Leicht links in die Edmund-Siemers-Allee und hinter dem Bhf. Hamburg Dammtor links in den Mittelweg einbiegen. Am Ende des Moorweiden Parks rechts in die Straße Fontenay.

Bus/Bahn: U1 Stephansplatz, S11, S21, S31 Dammtor, dann mit dem Bus 19 bis Hst. „Fontenay". (Fußweg zum AP 4 min)

Ausgangspunkt/P: AP ist das Kriegerdenkmal Ecke Fontenay/Alsterufer. Dort befindet sich auch ein kostenpflichtiger Parkplatz. Weitere kostenlose Parkplätze befinden sich rund um den Moorweiden Park (Fußweg 6 min).

Infos/Gaststätten: *Café Bodo´s Bootssteg, Café und Bootsvermietung, Tel. 040 4103525, www.bodosbootssteg.de, Ruhetage im Winter: Mo–Fr. *AlsterCliff, Bar, Restaurant und Café mit toller Aussicht, Tel.040 442719, www.alster-cliff.de. *Bobby Reich, norddeutsche und regionale Küche mit Kinderkarte, Tel. 040 487824, www.bobbyreich.de, Ruhetage: 24.–31. Dezember. *Alsterperle, herzhafte Speisen in einem ehemaligen „stillen Örtchen", Tel. 040 22748273, www.alsterperle.com.

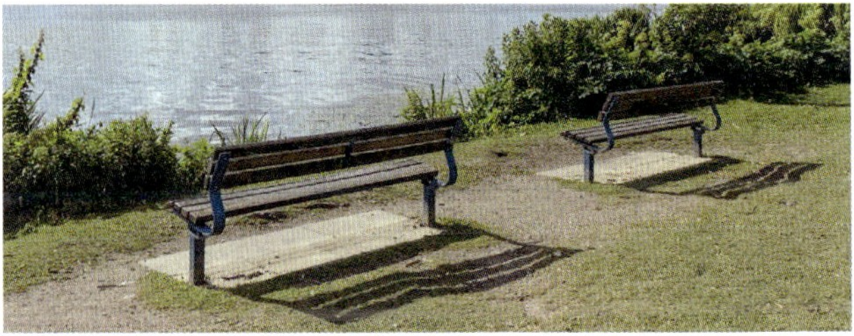

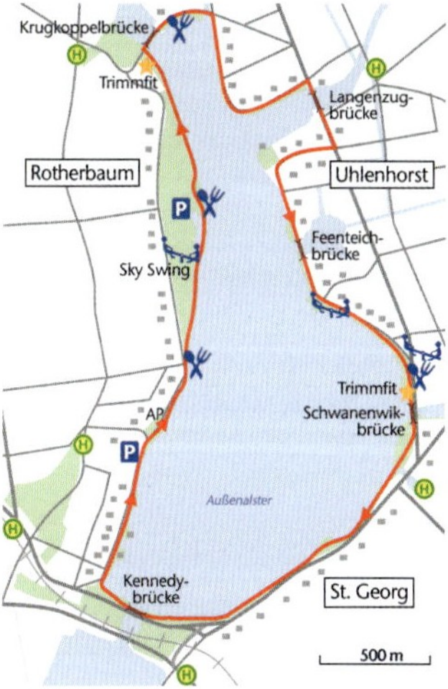

Wegbeschreibung:
Vom Ausgangspunkt startet ihr nach links, immer am Alsterufer entlang, durch den Alsterpark bis zum Trimmfit-Bereich vor der Krugkoppelbrücke (Abkürzung: zur Bus-Hst. „Harvestehuder Weg“, Linie 19, Fußweg 5 Min.). Über die Krugkoppelbrücke geht es an der Straße Bellevue entlang über die Langenzugbrücke (Abkürzung: zur Bus-Hst. „Hans-Henny-Jahnn-Weg“, Linien 6,17,25, Fußweg 4 Min.). Danach rechts in die Fährhausstraße immer weiter an der Alster entlang über die Schwanenwikbrücke (Abkürzung: hinter der Alsterwiese Schwanenwik links Richtung Bus-Hst. „Graumannsweg“, Linie 6,17, Fußweg 4 Min.). Beim Hotel Atlantik (Fußweg bis Hamburg Hauptbahnhof 8 Min.) rechts über die Kennedybrücke, danach wieder rechts am Alsterufer zurück zum Ausgangspunkt.

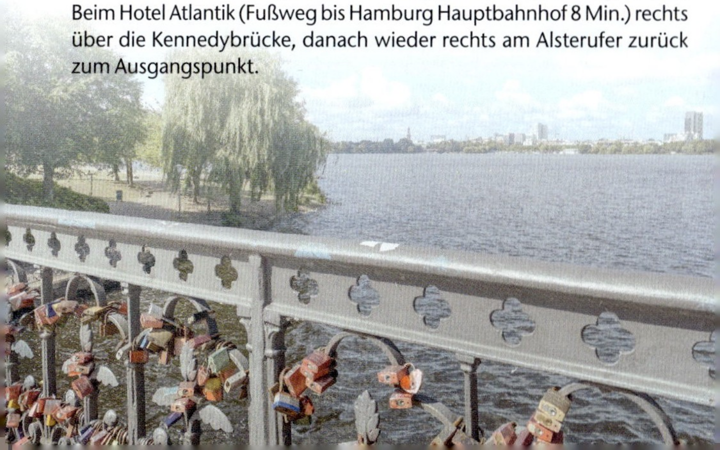

28 Spielend durch die HafenCity

HafenCity: spielend durch Hamburgs neuen Stadtteil

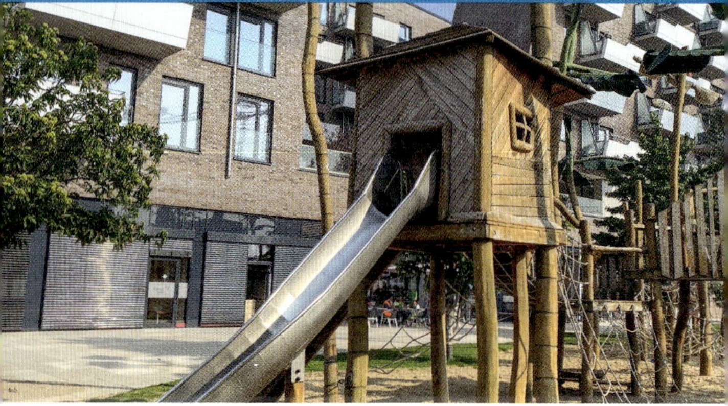

Große und kleine Pötte, Hafenkräne, moderne Architektur, alte Speicher und zum Teil ausgefallen konzipierte Spielplätze. Die Strecke zwischen den Elbbrücken und dem neuen Überseequartier am besten bei sonnigem Wetter genießen – da kommt richtig maritimes Urlaubsfeeling auf. Der Treibgut-Spielplatz im Baakenhafen ist komplett eingezäunt und noch sehr wenig besucht (Picknickdecke nicht vergessen), die Spielplätze im Lohse- und Grasbrookpark sind dagegen meist gut frequentiert.

Wetter: ○ Anforderung: ● Gesamtdauer: 1 h

Anforderung: Leicht; ebener Weg; asphaltierte und feine Kieswege.

Dauer: RW: 1 h; 3,3 km.

Wetter: Für jede Jahreszeit geeignet, bei Hamburger Schietwetter aber nicht zu empfehlen, da es kaum Möglichkeiten zum Unterstellen gibt; 0 % Schatten.

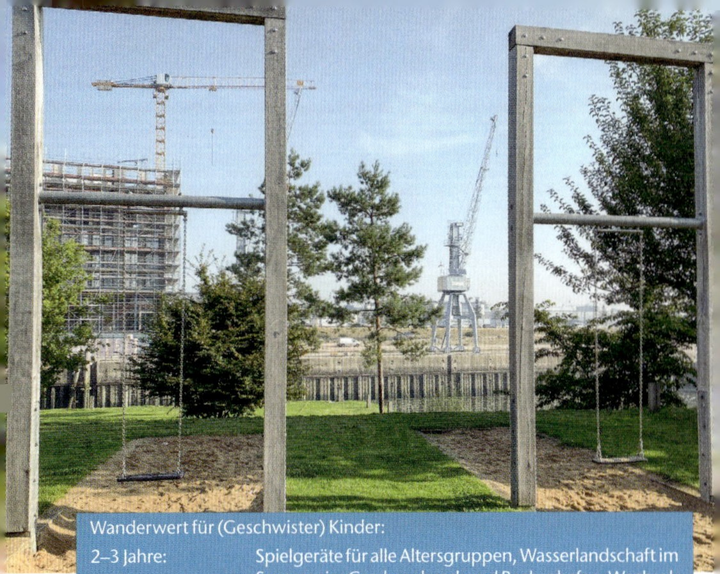

Wanderwert für (Geschwister) Kinder:

2–3 Jahre:	Spielgeräte für alle Altersgruppen, Wasserlandschaft im Sommer im Grasbrookpark und Baakenhafen. Wechselkleidung nicht vergessen. Aufgrund der Länge der Strecke zur Sicherheit noch den Kinderwagen mitnehmen.
4–6 Jahre:	Die Strecke ist kurzweilig, es gibt zahlreiche Möglichkeiten für Pausen und Abkürzungsmöglichkeit. Siehe auch 2–3 Jahre.
Kinderfahrrad:	Geeignet, jedoch Achtung: Einige Abschnitte sind an z.T.stärker befahrenen Straßen zurückzulegen.

Navi: 20457 Hamburg, U/S Elbbrücken.

Anfahrt: Vom Ring 1 Richtung HafenCity auf die Oberbaumbrücke, dann links in die Shanghaiallee (Autofahrer zum Parkhaus hier rechts in die Hongkongstraße abbiegen), am Ende links in die Überseeallee und dieser bis zum Ende folgen, dann rechts und wieder links zur Hst. „Elbbrücken".

Bus/Bahn: U4 bis Hst. „Elbbrücken" oder Hst. „Überseequartier".

Ausgangspunkt/P: AP für Anreise mit ÖPNV: U-Bahn-Hst. „Elbbrücken". AP für Autofahrer: kostenpflichtige Parkmöglichkeiten in der Contipark Parkgarage Elbarkaden, Hongkongstraße 6a.

Infos/Gaststätten: *Alte Liebe Küche Café Bar, stylisches Restaurant im alten Kaispeicher B, Tel. 040 45060627, www.kaispeicher-b.hamburg. *Wildes Fräulein, Leckereien aus den Alpen, Tel. 040 88230951, www.wildesfraeulein.de, Ruhetag: Mo–Do. *Bäckerei & Konditorei Hönig, Tel. 040 526783617, www.baeckerei-hoenig.de.

Wegbeschreibung:

Vom Ausgangspunkt links Richtung HafenCity halten. An der Straßengabelung links, dann rechts in die Kirchenpauerstraße bis zum Baakenpark mit Spielplatz. Über die Baakenparkbrücke links am Wasser dem Versmannkai bis zur großen Baakenhafenbrücke folgen. Hier besteht nun die Möglichkeit für einen Abstecher zum markanten orangen HafenCity Viewpoint (siehe Skizze). Rechts kommt ihr zur U-Bahn-Hst. „HafenCity Universität" (Abkürzung, da Hälfte der Strecke) sowie zum Lohsepark mit seinen zahlreichen kleinen Spielplätzen. Am Ende des Lohseparks links Richtung Internationales Maritimes Museum, über die Busanbrücke, geradeaus in die Fußgängerzone, dort links, dem Wegweiser Richtung Cruise Center folgen. Links am Heizkraftwerk vorbei führt der Weg zum Grasbrookpark mit seinem tropisch gestalteten Spielplatz.

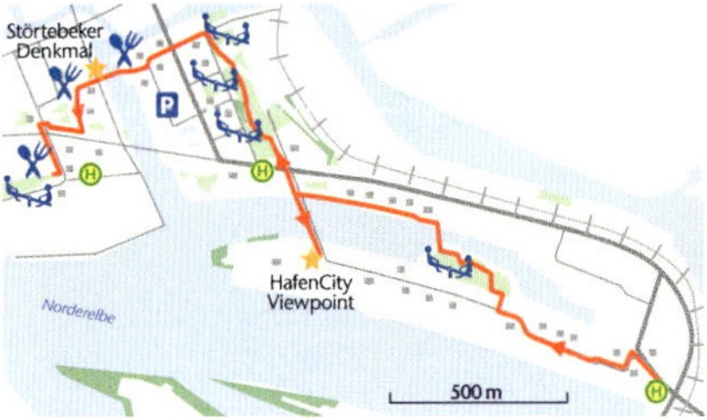

29 Elbinsel Kaltehofe

Rothenburgsort: auf dem Deich zur Wasserkunst

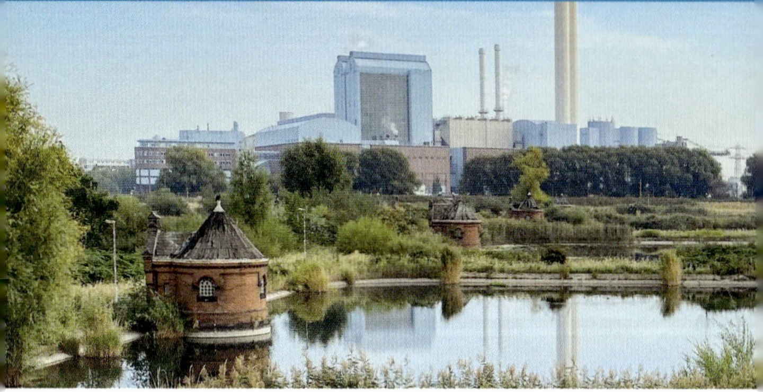

Das historische Wasserfiltrierwerk auf der Elbinsel Kaltehofe ist heute Naturschutzgebiet und bietet kleinen und großen Interessierten viele spannende Erlebnisse, wie z.B. einen Naturerlebnis- und Barfußpfad, eine Wildkräuter- und Schmetterlingswiese. Ihr könnt die Insel auch umrunden und im Anschluss zur Verlängerung eine weitere Runde im Elbpark Entenwerder drehen. Hier können sich die Kinder auf dem Spielplatz austoben. Vom kultigen Café Entenwerder1 gibt es einen super Blick über die Elbe und auf die vorbeifahrenden Schiffe.

Wetter: Anforderung: Gesamtdauer: 2 h

Anforderung: Technisch leicht, da eben und überwiegend asphaltiert oder gekiest, beide Runden zusammen sind jedoch konditionell anspruchsvoll aufgrund der Länge. Der Pfad um die Elbinsel Kaltehofe ist tw. schmal und stellenweise etwas holprig.

Dauer: Beide RW ab S-Bahn-Hst. „Rothenburgsort": 2 h; 8 km. RW um Elbinsel Kaltehofe: ¾ h; 2,4 km Verlängerung RW Entenwerder Park: 35 min 2,5 km.

Wetter: Typisches Wanderwetter; die Elbinsel bietet so gut wie keinen Schatten und somit auch kaum Schutz bei Regen; 25 % Schatten.

Wanderwert für (Geschwister) Kinder:

2–3 Jahre: Mit Kindern in diesem Alter bietet sich entweder ein direkter Besuch der Wasserkunst mit Barfuß- und Naturerlebnispfad an oder aber der Rundweg um den Entenwerder Park mit Spielplatz. Lauffreudige Kinder können die Insel auch umrunden.

4–6 Jahre: Für diese Altersgruppe ist eine Umrundung der Elbinsel Kaltehofe mit anschließendem Besuch der Wasserkunst gut geeignet. Naturerlebnis- und Barfußpfad, Vögel beobachten, nach Bibern Ausschau halten (Ferngläser können im Museumsshop ausgeliehen werden).

Kinderfahrrad: Ja. Vom AP bis zum Sperrwerk Billwerder Bucht geht es an der Straße entlang. Auf dem Pfad hinter der Wasserkunst (Kaltehofe Hinterdeich) muss das Laufrad/Fahrrad evtl. stellenweise getragen bzw. geschoben werden, da der Weg holprig ist.

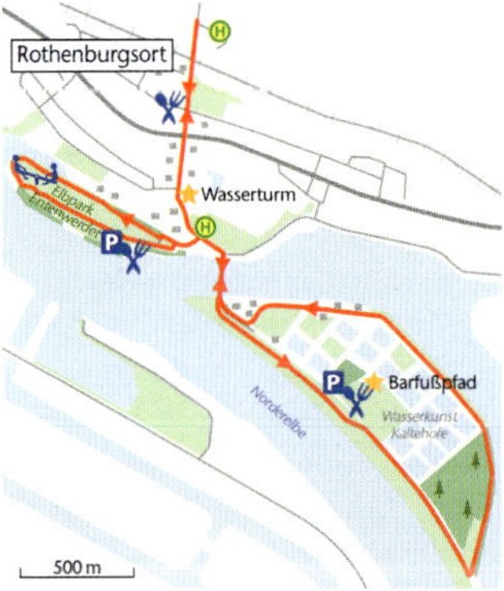

Navi: 20539 Hamburg, Billhorner Deich, S Rothenburgsort.

Anfahrt: Von der B75 in Hammerbrook in die Süderstraße einbiegen, dann rechts in den Ausschläger Weg, hinter der Brücke rechts Richtung Rothenburgsort.

Bus/Bahn: S2 oder S21 bis Hst. „Rothenburgsort“. Alternativ könnt ihr auch von der S-Bahn-Hst. „Rothenburgsort“ mit dem Bus 530 bis zur Hst. „Entenwerder Stieg“ oder „Kaltehofe-Hinterdeich“ fahren (Zeitersparnis 20 min Fußweg, 1,6 km)

Ausgangspunkt/P: AP ist S-Bahn-Hst. „Rothenburgsort". Wer mit dem Auto anreist, dem empfehle ich entweder im Entenwerder Stieg 6 zu parken oder direkt bei der Wasserkunst Kaltehofe (Kaltehofe-Hauptdeich 6–7) und den Rundgang von hier aus zu starten.

Infos/Gaststätten: *Blaue Adria, Mittelmeer-Küche mit Kinderkarte, Tel. 040 7890242, www.blaueadria.com, Ruhetag: Mo. *Entenwerder1, stylisches Café und kleine hausgemachte Speisen auf einem Ponton in der Norderelbe, Tel. 040 70293588. *Café Kaltehofe, kleine herzhafte Speisen sowie Kaffee und Kuchen, Tel. 040 788849992, www.kochlust.de, Ruhetage: Mo–Fr.

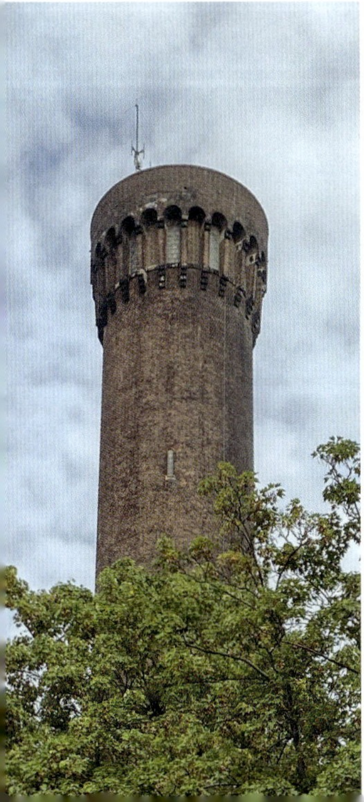

Wegbeschreibung: Von der Hst. „S Rothenburgsort" links dem Billhorner Deich vorbei am Wasserturm für ca. 15 Min. folgen, dann rechts über das Sperrwerk Billwerder Bucht.

RW um Elbinsel Kaltehofe: Dem Kaltehofe-Hauptdeich bis zur Wasserkunst folgen. Ab hier ist die Straße nun für Autos gesperrt. Beim Deichkilometer 32,5 links den schmalen Pfad entlang. Dieser wird später zu einer Straße und führt einmal um die Elbinsel herum. Über das Sperrwerk geht es schließlich zurück, links über den Ausschläger Elbdeich zurück zum Ausgangspunkt.

Verlängerung RW Entenwerder Park: Bei der Hst. „Entenwerder Stieg", am Ausschläger Elbdeich, in die gleichnamige Straße einbiegen Hier schließt nun die zweite Runde durch den Entenwerder Park an. Anschließend gleicher Rück- wie Hinweg.

30 Wilhelmsburger Inselpark

Wilhelmsburg: Natur, geheimnisvolle Inseln und Geysire

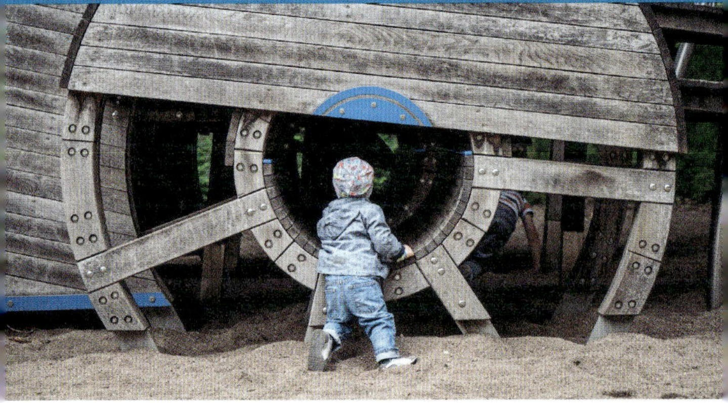

Auf dem ehemaligen IBA-Gelände im Süden Hamburgs ist eine grüne Park- und Freizeitoase entstanden, die sich sowohl in kurzen Besuchen als auch bei ausgedehnten Spaziergängen entdecken lässt. Im Dunst und Nebel könnt ihr durch einen Urwald-Garten wandern, Früchte im Heimatgarten naschen oder gespannt auf den Ausbruch des Geysirs warten. Von den schönen und großen Themenspielplätzen ist es allerdings schwer wieder loszukommen. Picknickdecke nicht vergessen!

Wetter: Anforderung: Gesamtdauer: 1 ¼ h

Anforderung: Leicht; ebener Weg; überwiegend asphaltierte und feine Kieswege.

Dauer: RW: 1 ¼ h; 3,7 km.

Wetter: Zu jeder Jahreszeit möglich; 25 % Schatten.

Wanderwert für (Geschwister) Kinder:	
2–3 Jahre:	Tolle Kleinkinderspielgeräte gibt es auf dem Spielplatz „Geheimnisvolle Insel“. Abkühlung im Wasserpark Windflüchter und Bestaunen des Geysirs.
4–6 Jahre:	Große abenteuerliche Rutschen, Trampoline und Klettermöglichkeiten auf allen Spielplätzen. Zahlreiche Abkürzungsmöglichkeiten innerhalb des Parks. Siehe 2–3 Jahre.
Kinderfahrrad:	Ja.

Navi: 21109 Hamburg, Am Inselpark 19, Wälderhaus. Parkplätze in der Neuenfelderstraße 31 (kostenpflichtig) oder Wilhelm-Strauß-Weg B1.

Anfahrt: Von der B75 in die Rotenhäuserstraße einbiegen, dann links in die Dratelnstraße. Am Ende links in die Neuenfelderstraße und gleich wieder rechts in die Straße Am Inselpark.

Bus/Bahn: S3 und S31 Wilhelmsburg.

Ausgangspunkt/P: AP ist das Wälderhaus. Vom Bhf. Wilhelmsburg die Neuenfelderstraße überqueren, dann über den Kurt-Emmerich-Platz (Fußweg 4 min). Kostenpflichtiger Parkplatz: iPark, Neuenfelderstr. 31 (Fußweg 2 min), öffentlicher Parkplatz am Bhf. (Wilhelm-Strauß-Weg B1).

Infos/Gaststätten: Info *Wilhelmsburger Inselpark, www.inselpark.hamburg. *Willi Villa, am Wasser gelegenes kleines Café mit Snacks und Kanuverleih, Tel. 040 86687781, www.willivilla.de. *Schmidt & Schmidtchen, Café mit Kuchen und Snacks, Tel. 040 41926042, www.schmidt-und-schmidtchen.de, Ruhetage: Mo–Fr.

Wegbeschreibung: Vom Wälderhaus, Ecke Kurt-Emmerich-Platz, folgt ihr dem Weg am Wasser entlang bis zum Baumhoroskop. Dann links Richtung Naturerlebnisgarten und die ehemalige Wilhelmsburger Reichsstraße überqueren. Dann Richtung Spielplatz „Geheimnisvolle Insel“. Am Spielplatz vorbei, weiter dem Wegweiser Richtung „Restaurant Wasserwerk“ folgen, dann weiter Richtung Spielplatz „Wüstenwellen“, dabei rechts über die kleine Brücke beim Wasserwerk. Von hier aus geht es parallel zur ehemaligen Strecke der Bundesstraße, vorbei am Wasserpark Windflüchter, zurück zum „Übergang Wilhelmsburger Reichsstraße“. Nach dem Übergang rechts der Ausschilderung „Willi

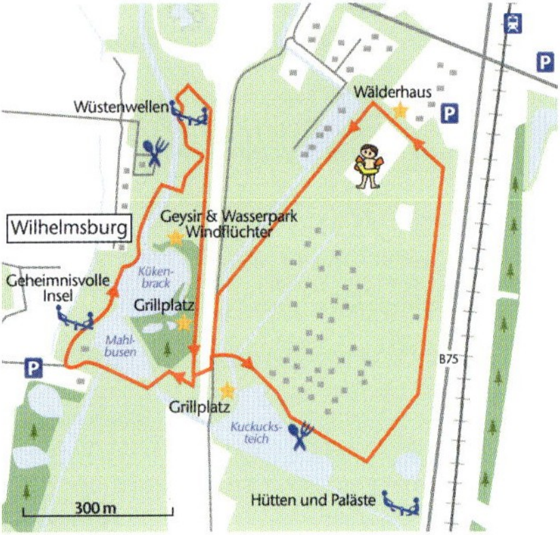

Villa" bzw. „Spielplatz Hütten und Paläste" folgen. Vor dem Spielplatz links dem breiten Weg, Ausschilderung „Hochseilgarten", immer geradeaus folgen. Ihr kommt direkt zum „Hanse Beach" in dessen Sichtweite sich auch der Ausgangspunkt befindet.

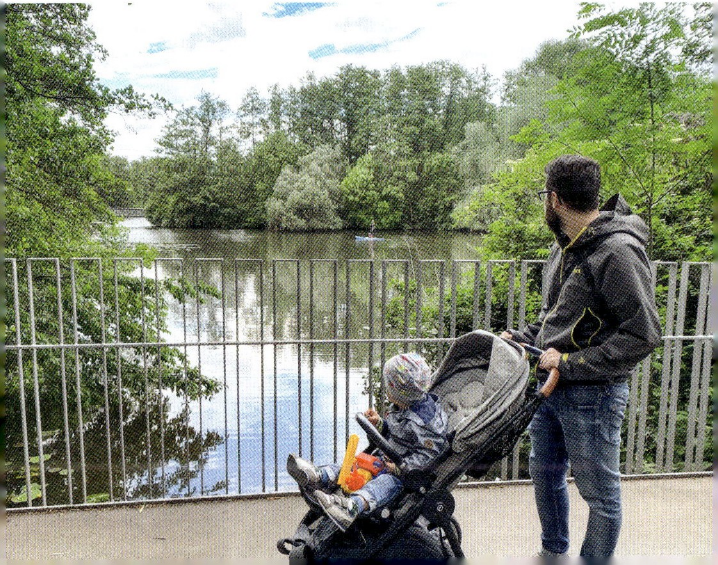

31 Heuckenlock & Bunthäuser Spitze

Wilhelmsburg: zum kleinsten Leuchtturm Hamburgs

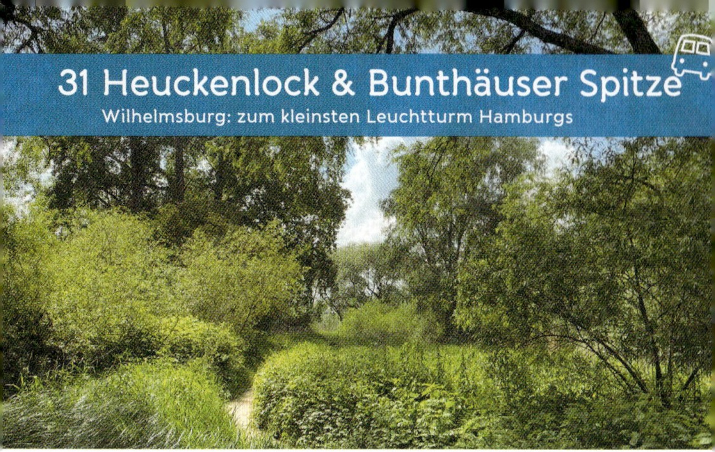

Auf dem Weg zu Hamburgs winzigstem Leuchtturm führt euch der Weg durch den in Europa einzigartigen Süßwassertidenauenwald Heuckenlock. Bitte beachtet unbedingt den Gezeitenkalender, denn bei Flut können die Wege knietief überspült sein. Wasserfeste Schuhe tragen! Der verwunschene Pfad durch das kleine urwüchsige Gebiet ist allerdings nur mit Trage zu erleben. Mit Kinderwagen gibt es eine alternative Route am Deich entlang. Am Ende bietet der süße Holzleuchtturm einen tollen Ausblick auf Norder- und Süderelbe.

Wetter: Anforderung: Gesamtdauer: 1 ½ h

Anforderung:	Mittel; ebener Weg; Variante Kinderwagen: vor dem Deich fester Boden mit Grasbewuchs tw. etwas holprig, auf dem Weg zum Leuchtturm feiner Kiesweg. Variante Tragetuch: unebener, tw. rutschiger, nicht befestigter Weg.
Dauer:	Kinderwagen eine Strecke: ¾ h, 3 km; Tragevariante: durch das NSG eine Strecke ¾ h, 3,2 km.
Wetter:	Klassisches Wanderwetter, bei Regen nicht zu empfehlen; 25 % Schatten.

Wanderwert für (Geschwister) Kinder:	
2–3 Jahre:	Für diese Altersgruppe empfehle ich bis zum Tideauenzentrum zu fahren und von dort bis zum Leuchtturm zu gehen (eine Strecke 10 min). Dort könnt ihr kleine Pötte gucken!
4–6 Jahre:	Das NSG Heuckenlock ist wie ein kleiner Urwald, in dem es viel zu entdecken und zu beobachten gibt. Das Elbe-Tideauenzentrum bietet dazu kindgerechte Informationen zum Umwelt- und Naturschutz. Siehe 2–3 Jahre.
Kinderfahrrad:	Für das Laufrad/Fahrrad ist die Strecke ab dem Elbe-Tideauenzentrum bis zur Bunthäuserspitze sehr gut geeignet.

Navi: 21109 Hamburg, Moorwerder Hauptdeich, Nähe Bus-Hst. „Heuckenlock" und Deichaufgang.

Anfahrt: A1, Autobahnausfahrt 37 Hamburg-Stillhorn, dann links in den Stillhorner Weg und gleich nach der Überquerung der A1 rechts in den Stillhorner Hauptdeich einbiegen und diesem folgen bis zum AP.

Bus/Bahn: S1 Wilhelmsburg, dann mit dem Bus 351 bis Hst. „Heuckenlock". Dann ca. 170 m in Fahrtrichtung zum AP gehen.

Ausgangspunkt/P: AP ist die Parkbucht ca. 170 m hinter der Bus-Hst. „Heuckenlock", direkt vor dem Deichaufgang.

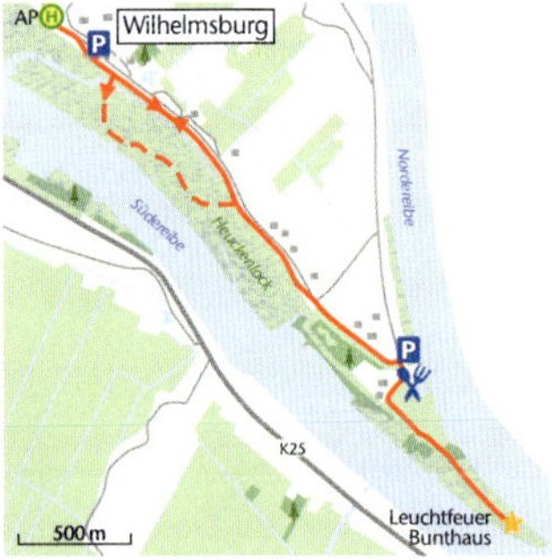

Infos/Gaststätten: *Gezeitenkalender unter www.bsh.de abrufbar. *Vereinscafé im Elbe-Tideauenzentrum, kleines Café mit sebstgebackenem Kuchen aus Bio-Zutaten, Tel. 040 75062831, www.goep.hamburg, Ruhetage: Mo–Fr, im Dez. geschlossen.

Wegbeschreibung: Hinter dem Ausgangspunkt führt der Weg auf bzw. vor den Deich. Diesem folgen, und am Ende rechts Richtung Campingplatz einbiegen. Dann wieder rechts dem Wegweiser „NSG Bunthaus-Wanderweg Leuchtturm" folgen. Dabei immer auf dem Deich bleiben (am Zaun des Wohnmobilstellplatzes vorbei) bis zum Leuchtturm. Gleicher Rück- wie Hinweg. Alternativ könnt ihr die Wanderung auch beim Tideauenzentrum beginnen.

Wegbeschreibung Tragetuchstrecke: Gleicher Ausgangspunkt wie Kinderwagenstrecke. Ihr geht ca. 400 m vor dem Deich entlang und dann rechts bei der Infotafel in das NSG Heuckenlock. Dem schmalen Pfad immer folgen, bis dieser wieder vor dem Deich endet. Hier rechts herum und dann weiter wie bei der Kinderwagenstrecke.

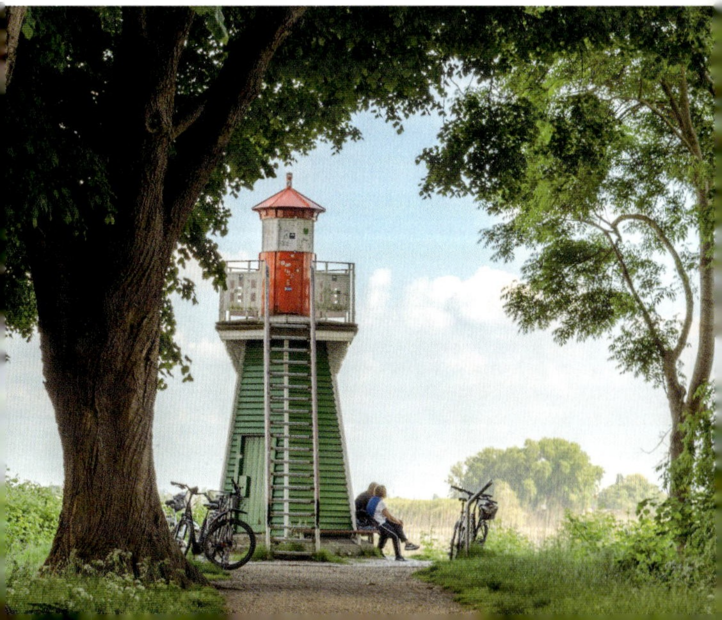

32 Tragetour: Fischbeker Heide

Neugraben-Fischbek: der Beginn des Heidschnuckenweges

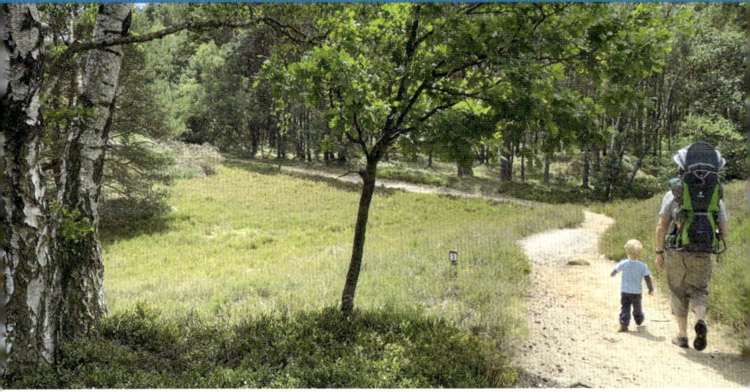

Der Pfad durch die schöne Fischbeker Heidelandschaft südlich von Hamburg schlängelt sich die Hügel auf und ab. Der Weg hat zu jeder Jahreszeit seinen ganz eigenen Reiz. Im Sommer macht es besonders viel Spaß, während des Wanderns jede Menge Heidelbeeren zu pflücken (und zu essen). Wir empfehlen den Rundweg mit Trage, da er abwechslungsreicher ist (Abkürzungen sind an vielen Stellen möglich). Die Kinderwagenstrecke hat den gleichen Hin- wie Rückweg (siehe Skizze).

Wetter: Anforderung: Gesamtdauer: 1 ¾ h

Anforderung: Tragestrecke: mittel; leichte Steigungen; größtenteils fester Sandweg.
Kinderwagenstrecke: mittel; kurze Steigung; größtenteils feste Sand- und Schotterwege.

Dauer: RW: 1 ¾ h; 6 km.

Wetter: Für den Hochsommer eher ungeeignet, da es wenig Schatten gibt, zur Heideblüte (August bis Anfang Sept.) am schönsten; 50 % Schatten.

Wanderwert für (Geschwister) Kinder:

2–3 Jahre:	Die Fischbeker Heide ist ideal zum Heidelbeeren pflücken (Beutel mitnehmen) und naschen! Erntezeit ist ca. ab Mitte Juli–September. Froschteich nach Hälfte des Weges (Quakkonzerte zur Paarungszeit im Mai/Juni).
4–6 Jahre:	Zahlreiche schattige Sitzgelegenheiten zum Pause machen. Zum Abkürzen einfach einen abzweigenden Weg auf die andere Seite der Heidefläche nehmen. Siehe 2–3 Jahre.
Kinderfahrrad:	Möglich nur auf der Kinderwagenstrecke. Rad müsste auch hier an einigen Stellen geschoben werden.

Navi: 21149 Hamburg, Schnuckendrift/Hogenbrook, Wanderparkplatz.

Anfahrt: A7 Abfahrt HH-Heimfeld, links auf die B73 Richtung Neugraben. Hinter der Bus-Hst. „Rostweg" links in die Straße Rostweg abbiegen. Am Ende rechts in die Schnuckendrift bis zum Wanderparkplatz.

Bus/Bahn: S3 oder S31 Neugraben, dann mit Bus 240 oder 251 bis Hst. „Rostweg". Von dort 9 min Fußweg zum AP. Alternative: mit dem Bus 240 bis Hst. „Fischbeker Heuweg", dann 7 min Fußweg bis zum Beginn des Heidschnuckenweges (siehe Skizze).

Ausgangspunkt/P: AP ist der Wanderparkplatz Ecke Hogenbrook/Schnuckendrift.

Infos/Gaststätten: *An der Wegstrecke direkt keine Gaststätten, dafür aber viele tolle (auch schattige) Picknickmöglichkeiten. Brotdose nicht vergessen.

Wegbeschreibung:

Tragestrecke: Vom Parkplatz aus führt der Weg eine Anhöhe mit grobem Schotter hinauf. An der Wegkreuzung links der Ausschilderung Richtung Segelflugplatz folgen. Nun lauft ihr auf dem berühmten Heidschnuckenweg (weißes „H" auf schwarzem Grund). Vor der verwurzelten Anhöhe links halten. Der Weg schlängelt sich auf und ab vorbei an Kiefernwäldern. An der nächsten Wegkreuzung geradeaus dem Weg 3, danach weiter der Beschilderung „Heidschnuckenweg" folgen. An der nächsten Weggabelung links, dann an der Y-Gabelung leicht rechts halten. Der Weg führt nun durch einen Kiefernwald hindurch zu einem Teich. Hier scharf links und jetzt immer dem Weg „N1" durch einen Wald folgen. Von der Ebene beim Sportplatz aus immer weiter Richtung S-Fischbek/Parkplatz Scharlbarg, dann wieder dem Weg N1 folgen bis zum Ausgangspunkt.

Kinderwagenstrecke: Vom Ausgangspunkt den Weg scharf links wählen, dann dem breiten Hauptweg immer geradeaus folgen. Die Anhöhe hoch und durch einen Wald, am Sportplatz vorbei und dahinter an der Y-Gabelung links halten bis zum Teich. Gleicher Rück- wie Hinweg.

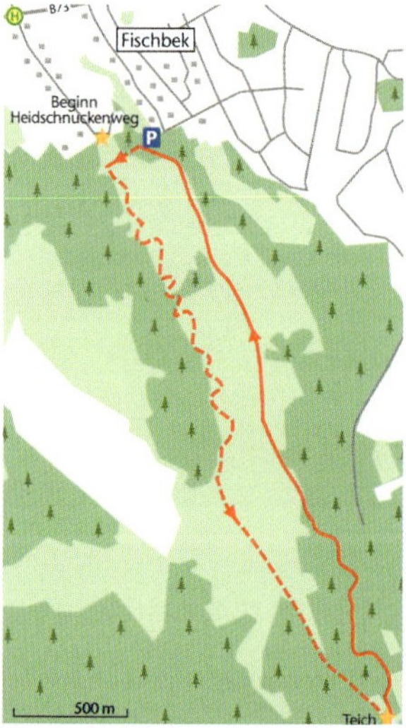

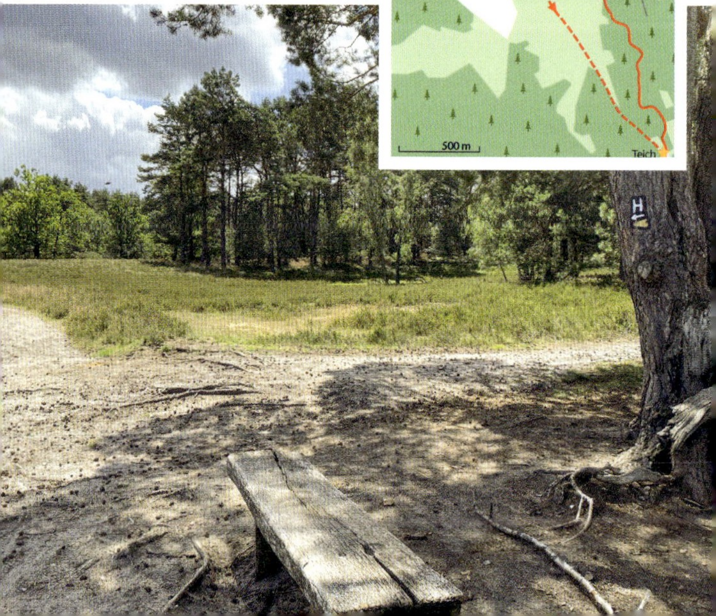

33 Märchenwanderweg (NI)

Jesteburg: im Wald mit Elfen, Zwergen und Kobolden

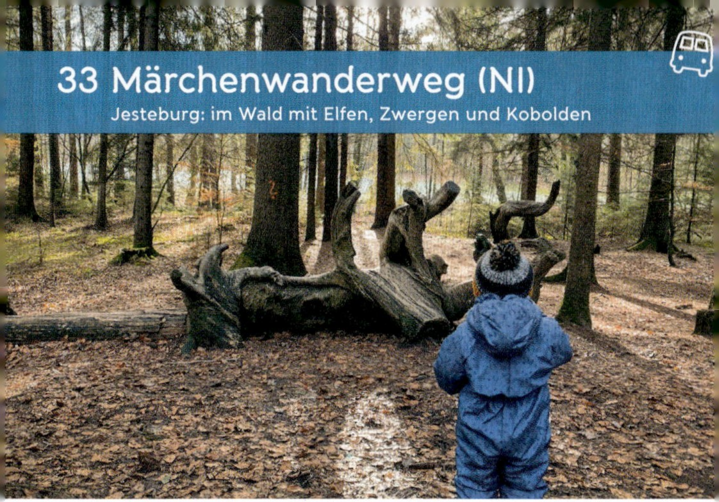

Die Zwerge, Kobolde und Elfen brauchen eure Hilfe! Der Zauberstab, der sie einst einträchtig zusammenleben ließ, ist durch den Trickser zerbrochen worden. Um einen neuen herzustellen, müssen im Wald Zutaten gefunden und Abenteuer bestanden werden. Toller, liebevoll gestalteter Rundweg mit 20 Stationen, die nicht nur den Kindern Spaß machen. Hinweis: Es gibt einen kurzen Abschnitt, der mit Kinderwagen nur zu zweit möglich ist.

Wetter: Anforderung: Gesamtdauer: 1 ¼ h

Anforderung: Mittel; ein kurzer, aber sehr steiler und etwas unwegsamer Anstieg zwischen dem Balanceelement Nr.3 und Station 9, Kinderwagen am besten sichern und nur zu zweit gehen; naturbelassene Waldwege.

Dauer: RW: 1 ¼ h; 3,2 km.

Wetter: Klassisches Wanderwetter, im Hochsommer ist es im Wald angenehm kühl; 100 % Schatten.

Wanderwert für (Geschwister) Kinder:	
2–3 Jahre:	Die einzelnen interaktiven Stationen machen großen und kleinen Kindern Spaß. Für Konditionseinbrüche am besten noch eine Trage mitnehmen.
4–6 Jahre:	Siehe 2–3 Jahre.
Kinderfahrrad:	Nein.

Navi: 21266 Jesteburg, Lohof 1.

Anfahrt: A7 Abfahrt Seevetal-Ramelsloh, dann Richtung Jesteburg. In Harmstorf links auf die Jesteburger Chaussee (L213) abbiegen. Bei der Bus-Hst. „Jesteburg, Lohof" rechts in die Straße Lohof bzw. auf den Parkplatz einbiegen.

Bus/Bahn: S Harburg, dann mit Bus 4148 bis Hst. „Jesteburg, Lohhof". Der Lohof wird auch vom Heide-Shuttle (Ring 3) angefahren.

Ausgangspunkt/P: AP ist der Parkplatz des Lohhofes bei Jesteburg.

Infos/Gaststätten: Info: *den Flyer zum Download und weitere Informationen findet ihr unter www.vv-jesteburg.de. *Fahrpläne Heide-Shuttle unter www.heide-shuttle.de. *Lohof Hofcafé, kinderfreundliches Café in einem historischen Speicher, Tel. 04183 7748975, www.lohof.de, Ruhetage: Mo–Mi.

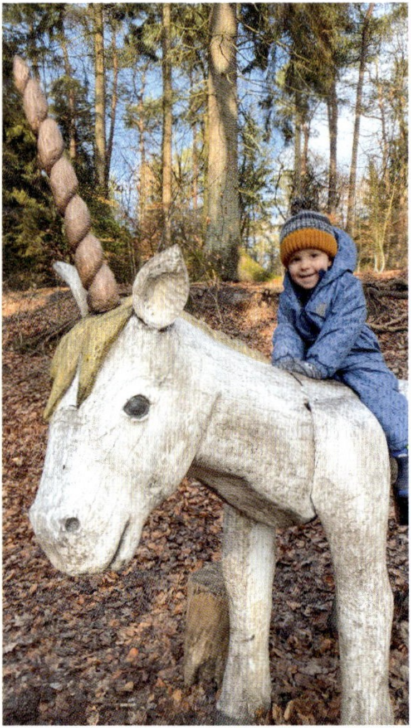

Weg-beschreibung: Vom Parkplatz folgt ihr dem Wegweiser „Märchenwanderweg“. Dieser startet dirkt auf dem Gelände des Lohofes und ihr könnt euch am Start an einer großen Übersichtstafel orientieren. Der gesamte Weg ist mit dem Symbol des zerbrochenen Zauberstabes sehr gut ausgeschildert und endet wieder direkt auf dem Gelände des Lohofes. Bitte den Hinweis zum kurzen und steilen Anstieg unter „Anforderungen“ beachten.

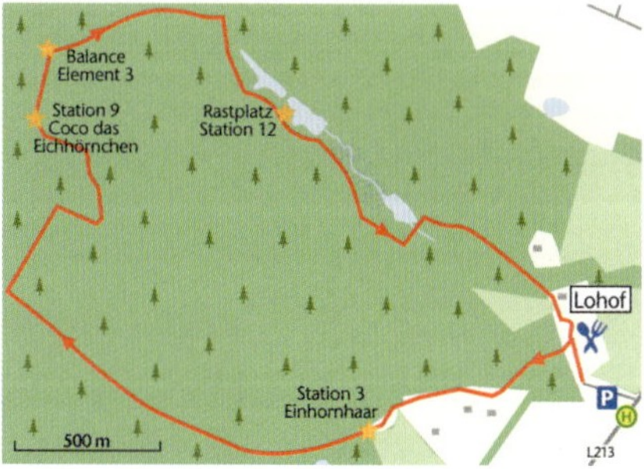

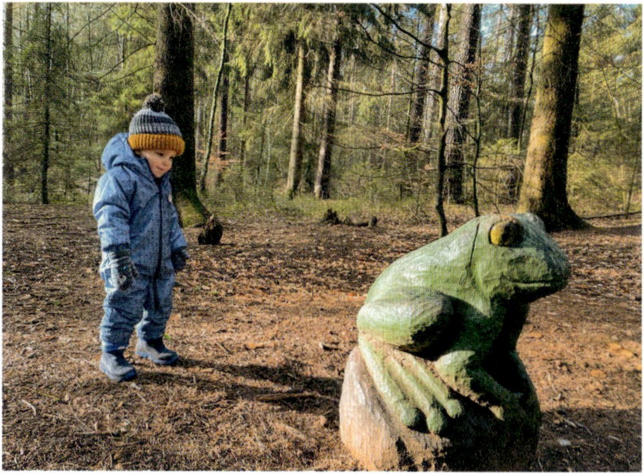

34 Altes Land (NI)

Lühe: Fachwerk, Obst und niederländisches Erbe

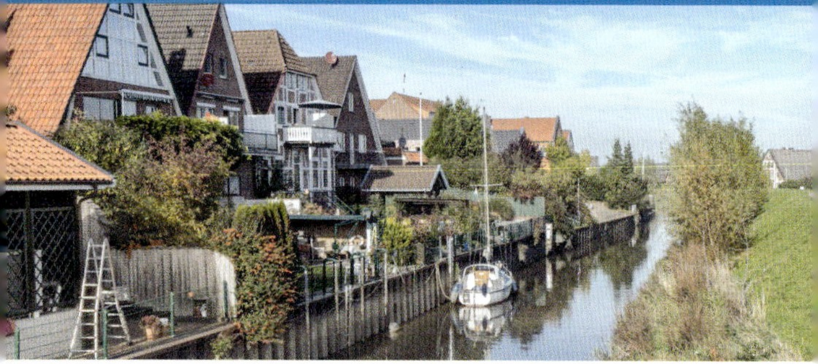

Die 25-minütige Anreise mit der Fähre über die Elbe ist schon ein erstes Highlight für Kinder. Der Weg führt immer auf dem Deich entlang, vorbei an wunderschönen Altländer Bauernhäusern, der alten Hogendiekbrücke bis nach Steinkirchen. Auf dem Biohof Ottilie gibt es eine Stärkung für alle mit selbstgebackenem Kuchen und frischem Apfelsaft, bevor es an der anderen Uferseite der Lühe zurückgeht. Von Steinkirchen fährt der Bus auch zurück zum Fähranleger in Grünendeich. Zum Abschluss könnt ihr den großen Pötten vom Elbdeich aus zuwinken.

Wetter: ○ Anforderung: ● Gesamtdauer: 1 ½ h

Anforderung: Mittel; grundsätzlich technisch einfach, weil eben, aber lange – siehe Dauer (Abkürzung mit Bus möglich). Am Anfang/Ende ein Stück an der Straße, überwiegend befestigter Deichweg, tw. asphaltiert oder feiner Kies.

Dauer: RW: 1 ½ h; 6,2 km.

Wetter: Frühjahr bis Herbst, im Hochsommer weniger geeignet, da es kaum schattige Plätze gibt; 0 % Schatten.

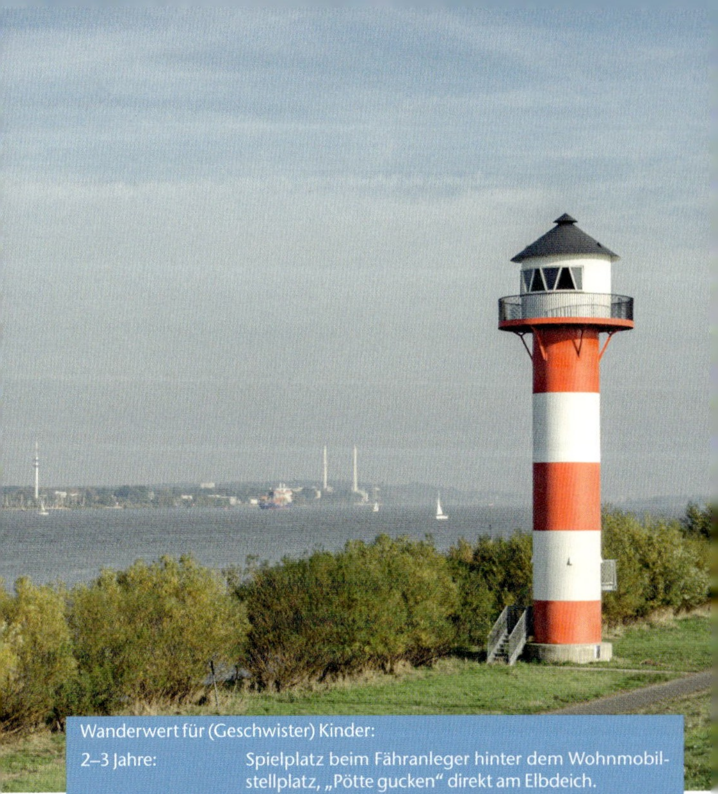

Wanderwert für (Geschwister) Kinder:

2–3 Jahre:	Spielplatz beim Fähranleger hinter dem Wohnmobilstellplatz, „Pötte gucken" direkt am Elbdeich.
4–6 Jahre:	Da die Strecke recht lang ist, empfehle ich von Steinkirchen (Marktplatz) mit dem Bus zurück zum Anleger Grünendeich zu fahren (siehe Bus/Bahn). Für diese Altersgruppe sind auch die „Geschichten aus der Apfelkiste" interessant (Standort Höhe Kurze Straße 5). Siehe 2–3 Jahre.
Kinderfahrrad:	Ja. Von Frühjahr bis Herbst kann bei schönem Wetter und an den Wochenenden reger Radverkehr auf dem Deich herrschen.

Navi: 21720 Grünendeich, Lühe/Anleger.

Anfahrt: Von Hamburg kommend über A7, Abfahrt HH-Waltershof, der Finkenwerder Straße immer geradeaus folgen, vorbei am Airbus-Gelände Richtung Cranz immer am Deich entlang bis zum Ortseingang Grünendeich (beim Leuchtturm), dann rechts durch das Flutschutztor zum Anleger.

Bus/Bahn: Von Wedel mit der Fähre Lühe-Schulau bis „Anleger Grünendeich" (Kinder unter 6 Jahren frei); S3 bis Bhf. Stade, von dort mit dem Bus 2050 oder Bus 2051 bis Hst. „Grünendeich, Fähre". Von Steinkirchen mit Bus retour: Hst. „Steinkirchen, Alter Marktplatz" mit Bus 2050 bis Hst. „Grünendeich, Fähre".

Ausgangspunkt/P: AP ist der Lühe-Anleger, Grünendeich. Dort befindet sich auch ein großer kostenpflichtiger Parkplatz für PKW und Wohnmobile.

Infos/Gaststätten: *Fähre Lühe-Schulau, www.luehe-schulau-faehre.de. *Geschichten aus den Apfelkisten unter www.tourismus-altesland.de. *verschiedene Streetfood-Stände direkt beim Fähranleger Grünendeich. *Hofcafé Ottilie, Bio-Hofcafé mit tollem Garten, Tel. 04142 812634, www.biohof-ottilie.de, Ruhetage: Di, Mi. *Restaurant Windmüller, regionale Gerichte in einem Altländer Bauernhaus, Tel. 04142 819814, www.windmueller-steinkirchen.de, Ruhetag: Di.

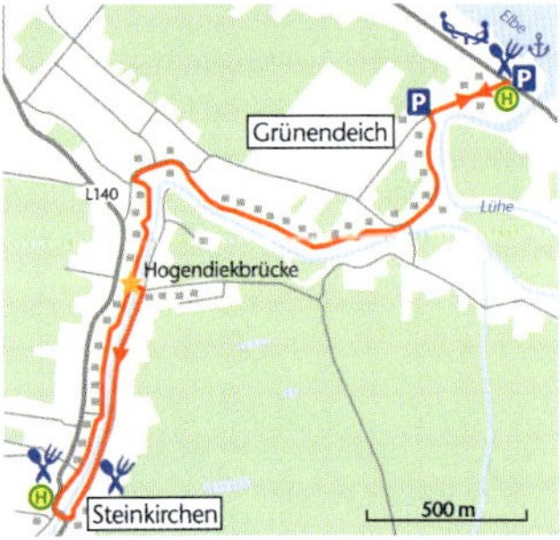

Wegbeschreibung:

Vom Ausgangspunkt geht ihr durch das Flutschutztor, folgt zunächst der Fährstraße und biegt dann links auf den Lühedeich ein. Von nun an dem Lühedeich immer am Wasser entlang folgen. Nach der starken Linkskurve der Lühe befindet sich hinterm Deich eine der großen Apfelkisten, die Geschichten aus dem Alten Land erzählen. Bei der Hogendieckbrücke wechselt ihr die Uferseite und folgt dem Deich bis zur nächsten Brücke. Hier wieder die Uferseite wechseln, hinter der Brücke rechts halten und wieder zurück Richtung Lühe Anleger/ Grünendeich.

35 Appelbecker Seen (NI)

Moisburg: Waldidyll an der Este

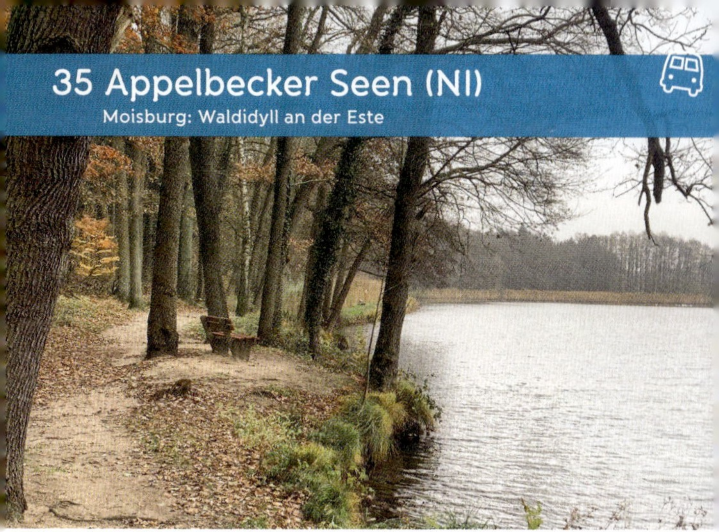

Ruhige und kurze Waldwanderung, die euch einerseits um den Appelbecker See führt und andererseits auf schönen Pfaden ein kurzes Stück an der Este entlang. Zum Abschluss dieser kleinen Runde freut sich das Damwild im Gehege über Kinderbesuch. Im Sommer gibt es die Möglichkeit, am See Tretboote auszuleihen und wenn der norddeutsche Winter kalt genug ist, dann könnt ihr eure Schlittschuhe mitnehmen und mit den größeren Kids zum Abschluss noch ein paar Pirouetten drehen.

Wetter: ☀ ☂ ☃ ◑ Anforderung: ● Gesamtdauer: ¾ h

Anforderung:	Leicht; ebener Weg; naturbelassene Waldwege, Wiesenwege und feine Kieswege.
Dauer:	RW: ¾ h; 2,1 km.
Wetter:	Klassisches Wanderwetter, nach längerem Regen können die Wege matschig sein; 50 % Schatten.

Wanderwert für (Geschwister) Kinder:	
2–3 Jahre:	Es gibt eine Vielzahl an Tieren: Schwäne und Enten, Damwild im Gehege, Galloway-Rinder. Spielgeräte am Damwildgehege beim Restaurant. Die Runde kann auch geteilt werden, indem ihr nach Umrundung des Sees an der Straße zurück geht (2 min).
4–6 Jahre:	Schöne, kurze und abwechslungsreiche Runde, Tretbootverleih direkt am See. Siehe 2–3 Jahre.
Kinderfahrrad:	Eher nicht zu empfehlen, da die Waldwege wurzelig sind und der Wiesenpfad an der Este entlang sehr holprig ist.

Navi: 21279 Hollenstedt, Appelbeck 14.

Anfahrt: A1 Abfahrt Rade, dann beim Autohof Hamburg Süd auf die Neue Oldendorfer Straße bis nach Oldendorf. Dort leicht rechts in die Straße Bocksberg, immer geradeaus bis zum Appelbecker See und hier rechts abbiegen.

Bus/Bahn: Bhf. Buxtehude, dann mit dem Bus 2038 bis Hst. „Appel, Alter Postweg", von dort 11 min zu Fuß.

Ausgangspunkt/P: AP ist der Parkplatz am Restaurant Appelbeck am See.

Infos/Gaststätten: *Appelbeck am See, idyllisch gelegenes und barrierefreies Restaurant und Café mit Garten, Tel. 04165 8377, www.appelbeckamsee.de.

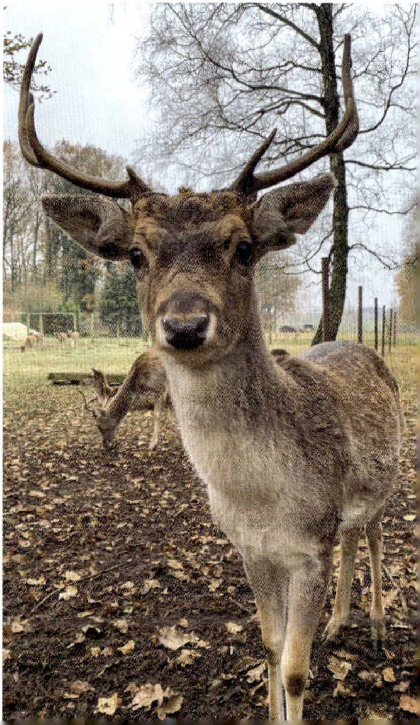

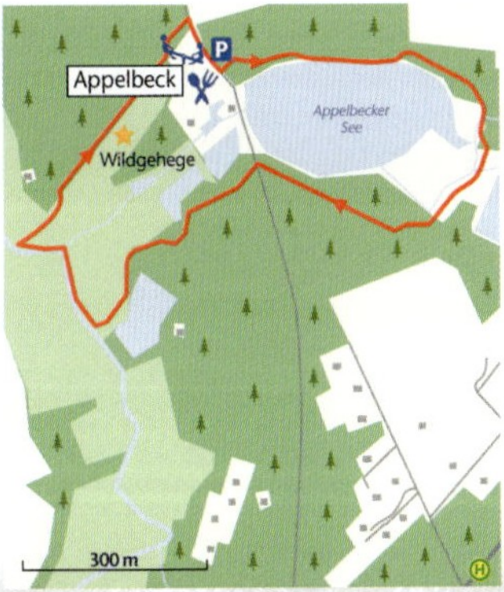

Wegbeschreibung: Vom Parkplatz aus folgt ihr dem Weg links herum einmal um den See, bis ihr wieder auf die Straße Appelbeck trefft (Abkürzung: rechts die Straße bis zum Parkplatz zurück). Auf der anderen Straßenseite führt der Weg euch weiter durch den Wald und an Wiesen vorbei, bis ihr an die Este gelangt. Dem Fluss rechts herum über einen Wiesenpfad folgen. Ihr haltet euch ab jetzt immer am Zaun des Damwildgeheges, bis ihr wieder auf die Straße beim Parkplatz des Restaurants trefft.

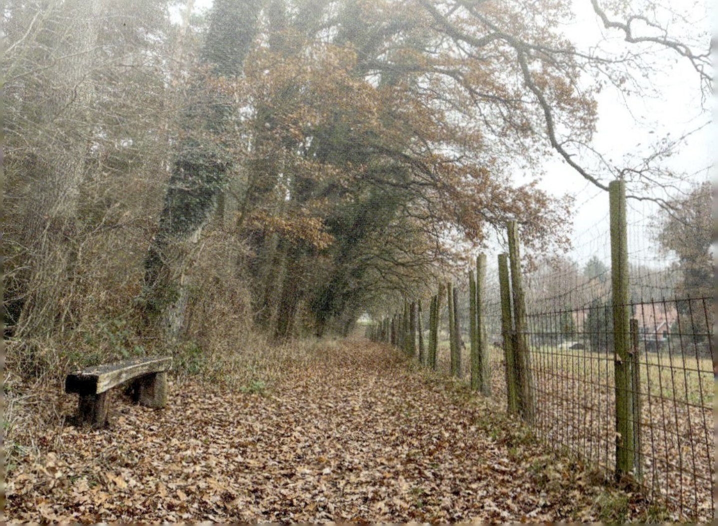

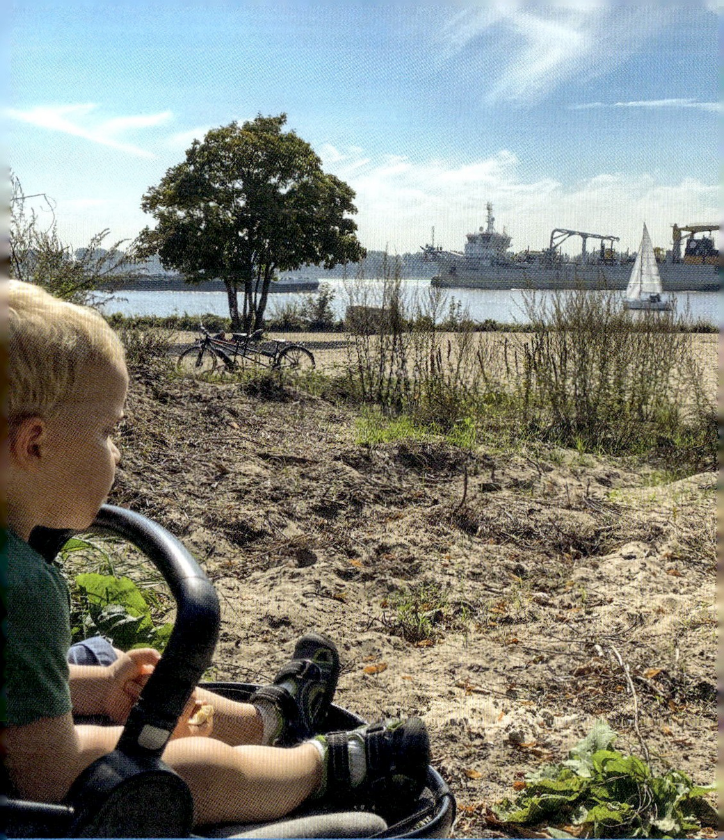

IV. Hamburger Westen inkl. Umland

Besuche uns auf Facebook: **wandaverlag**

36 Altonaer Volkspark

Bahrenfeld: grüne Oase zwischen Fußballstadion und Trabrennbahn

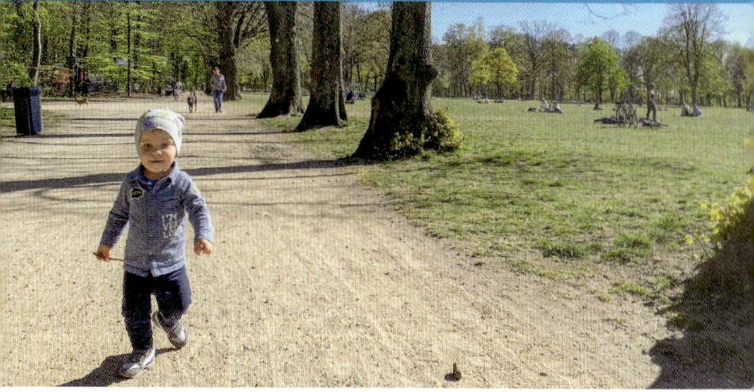

Auf Hamburgs größter öffentlicher Grünfläche zwischen Volksparkstadion und Bahrenfelder Trabrennbahn findet ihr ruhige Waldgebiete ebenso wie einen im Frühling und Sommer in Blütenpracht erstrahlenden Rosengarten. Die Kleinen toben sich auf dem großen Waldspielplatz aus, die etwas Größeren können Minigolf spielen, und zum Abschluss könnt ihr ein schönes Familienpicknick auf der großen Spielwiese machen. Der Besuch im Altonaer Volkspark lässt sich auch auf einen ganzen Tag ausdehnen, ohne dass einem langweilig wird.

Wetter: ☀ ☂ ☃ ◑ Anforderung: ● Gesamtdauer: 1 ¼ h

Anforderung: Leicht; grundsätzlich ebener Weg, nur ein steilerer Abschnitt zwischen großer Spielwiese und AP; feine Kies- und Waldwege.

Dauer: RW: 1 ¼ h; 3,3 km

Wetter: Für jedes Wetter geeignet. Im Hochsommer angenehme Kühle im Wald; 50 % Schatten.

Wanderwert für (Geschwister) Kinder:	
2–3 Jahre:	Kurzweiliger Weg, toller großer Waldspielplatz u.a. mit Babyschaukel, Wipptieren, Wasserpumpen. Ententeich, große Grill- und Spielwiese mit einem weiteren Spielbereich. Um Konditionseinbrüchen vorzubeugen, lieber noch den Kinderwagen mitnehmen.
4–6 Jahre:	Wer nicht die volle Runde gehen mag, Abkürzungen sind jederzeit möglich. Siehe 2–3 Jahre.
Kinderfahrrad:	Ja.

Navi: 22525 Hamburg, Hellgrundweg/Max-Schmeling-Straße, Parkbuchten beim Picknick Bistro.

Anfahrt: A7, Autobahnausfahrt HH-Volkspark, rechts in die Schnackenburgallee, links in Sylversterallee einbiegen, zwischen Barclaycard-Arena und Volksparkstadion bis Hellgrundweg, links einbiegen, kurz hinter dem Picknick Bistro links in die Max-Schmeling-Straße.

Bus/Bahn: S Stellingen, mit Bus 22 bis Hst. „Hellgrundweg (Arenen)" von dort 16 min zu Fuß zum AP, oder Bus 180 bis Hst. „Schnackenburgallee (Mitte)". Im letzten Fall findet der Einstieg in die Tour beim Tutenberg statt (siehe Skizze).

Ausgangspunkt/P: AP sind die kostenfreien Parkbuchten in der Max-Schmeling-Straße bei der Shuttle-Bus-Hst. „Arenen (Luftbadweg)".

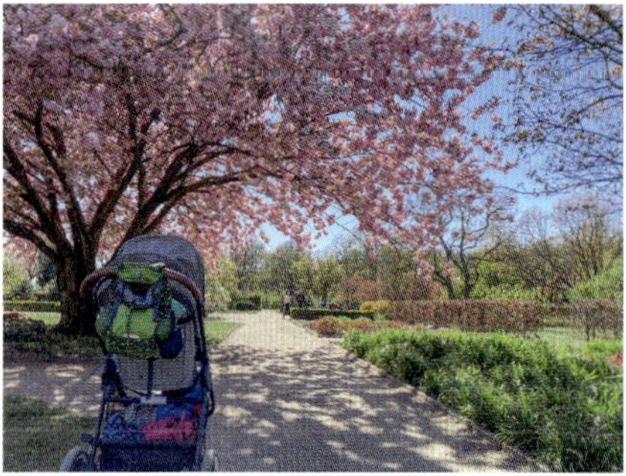

Infos/Gaststätten: *Picknick Bistro, idyllisches Bistro (Frühstück, Mittagstisch) mit Terrasse am Waldrand, Tel. 040 845650, www.picknick-bistro.de, Ruhetag: Sa. *Klempau´s Biergarten an der Milchhalle, Biergarten mit bayrischer Küche und Kinderkarte, Tel. 0173 7949921, www.klempausbiergarten.de.

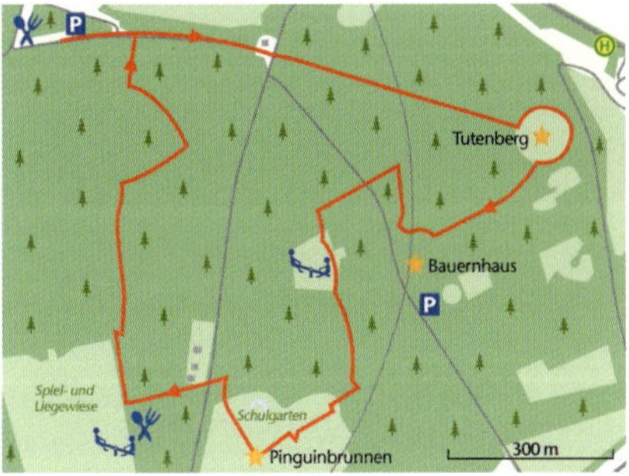

Wegbeschreibung:
Der Max-Schmeling-Straße in Richtung August-Kirch-Straße bis zum Ende folgen, dann geradeaus in den Wald hinein auf den Tutenberg zu und diesen zu 3/4 umrunden (Anstieg mit sieben flachen Stufen). Der Weg führt wieder in den Wald hinein. An der nächsten Weggabelung rechts an der Vogelfutterstation vorbei Richtung Dahliengarten. Am Bauernhaus wieder rechts, danach links die Nansenstraße überqueren, dann links über den Waldspielplatz, geradeaus bis zur Wegkreuzung mit dem großen Baum in der Mitte. Hier rechts, am Pavillon vorbei und am Brunnen rechts Richtung „Große Spielwiese".
Die August-Kirch-Straße überqueren, an der Spielwiese rechts herum, weiter Richtung Arenen. Hier geht der Weg steil bergab (aufpassen bei Lauf- und Fahrrädern!). Richtung Bornmoorwiese halten. Bei der Holzbank und dem Mülleimer rechts herum Richtung Tutenberg/Arenen, dann wieder links Richtung Bornmoorwiese. Bei der nächsten Möglichkeit rechts abbiegen und zurück zum Ausgangspunkt.

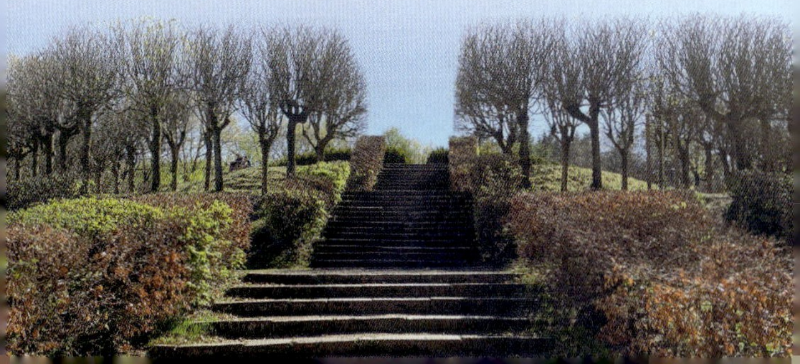

37 Loki-Schmidt-Garten

Osdorf: auf botanische Weltreise gehen

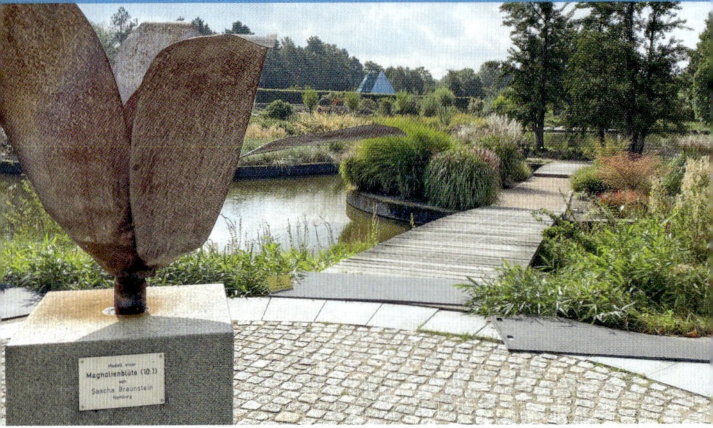

Diese Runde ist nicht nur etwas für kleine WeltenbummlerInnen, sondern auch eine erholsame Auszeit für die Erwachsenen. Vom Wüstengarten geht es in den Regenwald mit seiner dichten Vegetation aus riesigen Mammutblättern und urzeitlich anmutenden Araukarien. Über Asien und den Alpenraum sowie die Heidelandschaft führt der Weg wieder zurück. Insbesondere für etwas ältere Kinder ist der Loki-Schmidt-Garten ein lehrreicher Ausflug (Vorsicht ist bei den Giftpflanzen geboten). Der hier angegebene Weg kann beliebig ausgedehnt/verkürzt werden.

Wetter: Anforderung: Gesamtdauer: ½ h

Anforderung:	Leicht; ebener Weg; asphaltiert, feine Kieswege.
Dauer:	RW: ½ h; 1,6 km.
Wetter:	Typisches Wanderwetter; Frühling bis Herbst besonders schön; 25 % Schatten.

Wanderwert für (Geschwister) Kinder:

2–3 Jahre:	Viele verschiedene Blumen, Pflanzen und Gartenelemente zum Bestaunen und Riechen. Bitte gut aufpassen, dass die Kleinen nichts pflücken, manche Pflanzen sind giftig.
4–6 Jahre:	Gut geeignet, hier werden die Vegetationszonen der Welt begreifbar. Siehe 2–3 Jahre.
Kinderfahrrad:	Nein.

Navi: 22609 Hamburg, Ohnhorststraße, Loki-Schmidt-Garten.

Anfahrt: A7 Abfahrt Bahrenfeld, Richtung Wedel auf die B431, vor dem Wochenmarkt-Gelände Groß Flottbek links in die Groß-Flottbeker-Straße, dann rechts auf die Baron-Voght-Straße bis zum Loki-Schmidt-Garten.

Bus/Bahn: S1 und S11 Klein Flottbek (Botanischer Garten).

Ausgangspunkt/P: AP ist der Eingang zum Loki-Schmidt-Garten. Parkplätze (kostenplichtig) sind im P&R-Parkhaus am Bahnhof vorhanden.

Infos/Gaststätten: *Café Palme, Gartencafé, geöffnet von April bis Oktober. *Info Botanischer Garten, www.bghamburg.de.

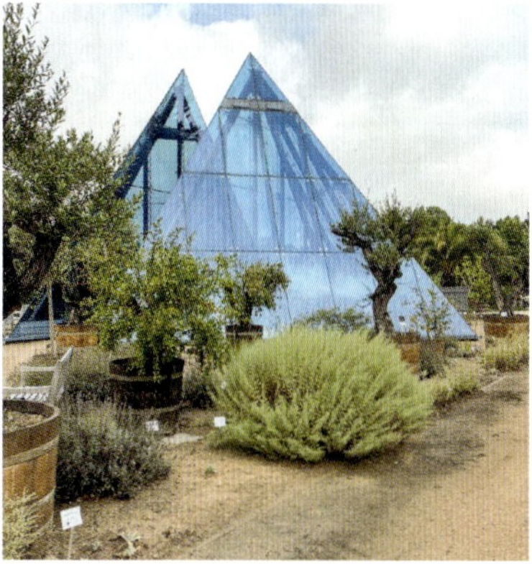

Wegbeschreibung:

Die von mir ausgewählte Runde ist eine unter vielen. Meine Besuche haben gezeigt, dass es am schönsten ist, sich einfach zwischen den Vegetationszonen der Welt treiben zu lassen. Daher sehe ich hier von einer genaueren Streckenbeschreibung ab. Ein Verirren ist nicht möglich, da viele Hinweisschilder den Weg zurück zum Ausgangspunkt weisen.

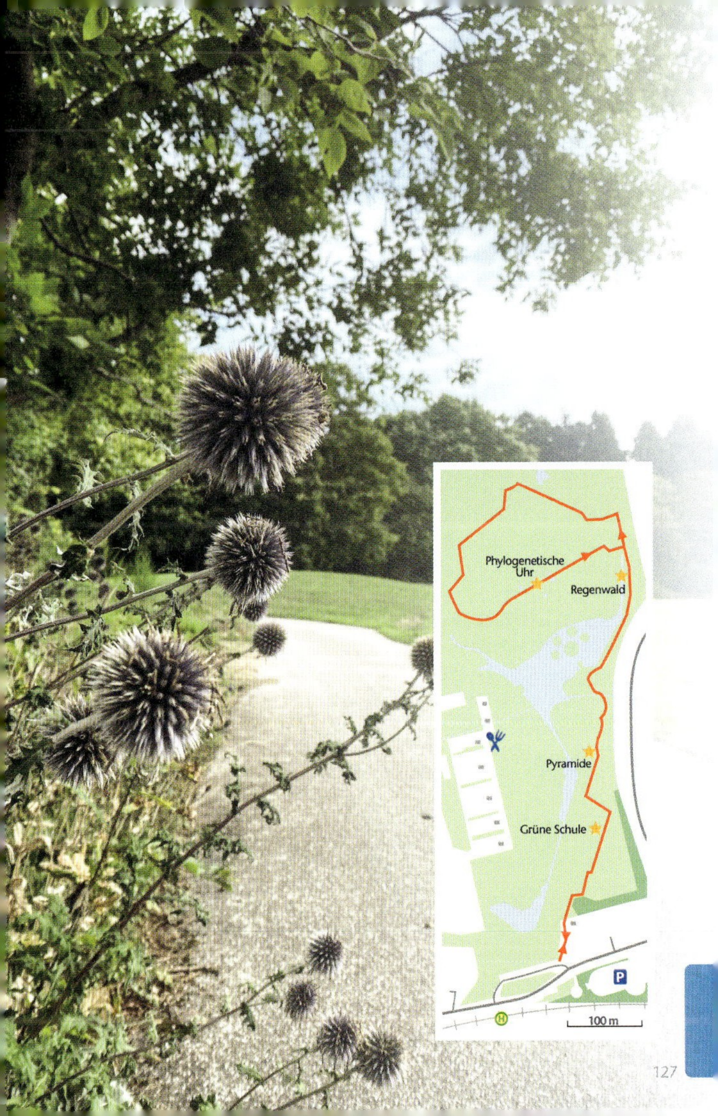
Phylogenetische Uhr
Regenwald
Pyramide
Grüne Schule
P
H
100 m

38 Jenischpark & Elbuferwanderweg

Othmarschen: durch die Landschaftsparks der Elbvororte

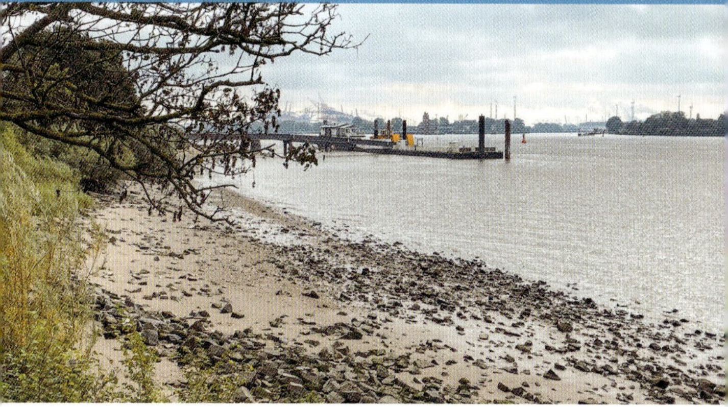

Die Wanderung führt zunächst durch den Westerpark und von dort aus durch einen der schönsten Parks in Hamburg: den Jenischpark. Im Winter lässt es sich hier auch prima rodeln. Durch seine erhöhte Lage habt ihr einen traumhaften Ausblick auf die Elbe und die vorbeifahrenden Schiffe, die sich jedes Kind gerne näher anschauen möchte. Der weitere (leicht abfallende) Weg zum Elbufer läuft sich daher fast wie von alleine. Für das maritime Flair sorgt der anschließende Elbuferwanderweg mit Ausblick auf die Schiffe, den Hafen und mit einer wunderbar grünen Uferpromenade.

Wetter: Anforderung: Gesamtdauer: 1 ½ h

Anforderung:	Technisch leicht, jedoch Länge beachten; ebener Weg; feine Kies- und asphaltierte Wege.
Dauer:	RW: 1 ½ h; 4,5 km.
Wetter:	Zu jeder Jahreszeit sehr schön, auch bei Nieselregen möglich; 50 % Schatten.

Wanderwert für (Geschwister) Kinder:	
2–3 Jahre:	Spielplatz oberhalb des Ernst-Barlach-Hauses mit Wippe, Kleinkindrutsche, Schaukel und Klettermöglichkeiten. Pötte gucken am Elbufer. Aufgrund der Länge der Strecke zur Sicherheit den Kinderwagen mitnehmen.
4–6 Jahre:	Nur für lauffreudige Kinder geeignet. Alternativ würde ich für diese Altersgruppe nur einen Rundgang durch den Jenischpark empfehlen. Siehe 2–3 Jahre.
Kinderfahrrad:	Ja.

Navi: 22609 Hamburg, Ohnhorststraße, Nähe Hausnummer 20.

Anfahrt: A7 Abfahrt Bahrenfeld, Richtung Wedel auf die B431, vor dem Wochenmarkt-Gelände Groß Flottbek links in die Groß-Flottbeker-Straße, dann rechts auf die Baron-Voght-Straße, geradeaus auf die Ohnhorststraße.

Bus/Bahn: S1 und S11 bis Hst. „Klein Flottbek (Botanischer Garten)". Ebenso die Buslinien 115 und 21. Fähre 62 (Finkenwerder-Landungsbrücken Brücke 1).

Ausgangspunkt/P: AP ist die S-Bahn-Hst. „Klein Flottbek".

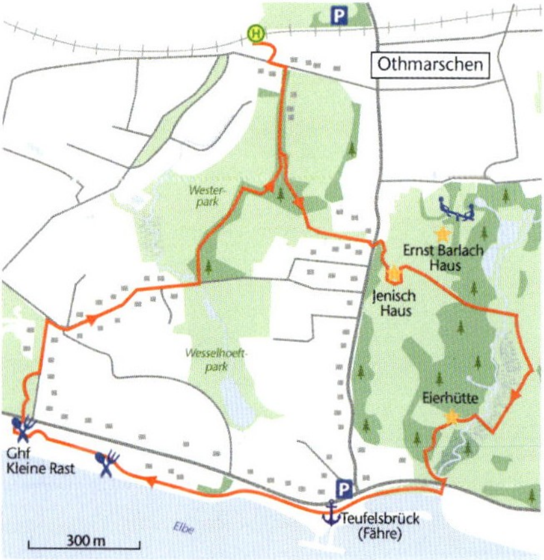

Infos/Gaststätten:
*Kleine Rast, Café und Imbiss, netter kleiner Imbiss mit Sitzmöglichkeiten draußen, Tel. 040 826972.
*Elv-Restaurant, hochwertige Speisen und ein grandioser Elbblick, Tel. 040 820042, www.elv-restaurant.de.

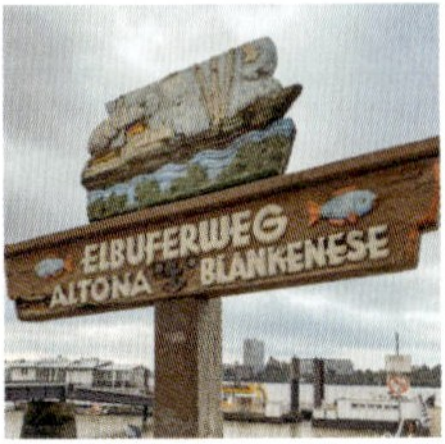

Wegbeschreibung: Vom Ausgangspunkt der Ausschilderung Richtung Jenischpark folgen, dann links in die Jürgensallee und nach 50 m rechts in den Westerpark einbiegen. Nach dem Spring-Derby-Gelände leicht links halten, über eine Obstbaumwiese, dann am breiten Hauptweg links. Die Straße überqueren, vor dem Jenisch-Haus den leicht abfallenden Weg über die Wiese nehmen (Blickrichtung Brücke). Die Flottbek überqueren, dahinter rechts und noch einmal rechts (bei den Findlingen) abbiegen. Erneut rechts wieder in den Wald gehen, erneut die Flottbek überqueren, dahinter gleich links halten. Bei der Eierhütte links leicht hinunter bis zur Elbchaussee. Ab hier nun dem Elbuferwanderweg Richtung Blankenese bis zum Imbiss „Kleine Rast" folgen. Hier die bunte Unterführung nehmen, an der Elbschloss-Residenz vorbei, dann rechts der Straße Quellental folgen. Beim Fußgängerübergang wieder links in den Westerpark und der Ausschilderung Richtung S Klein Flottbek folgen.

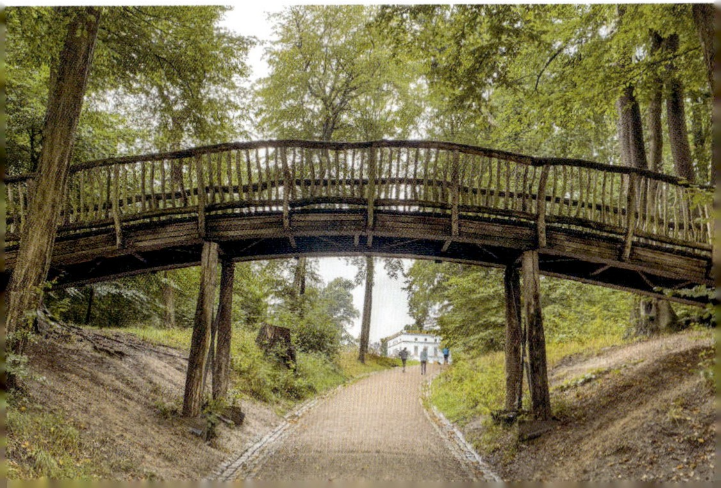

39 Hirschpark Nienstedten

Nienstedten: tierischer Landschaftspark mit Elbblick

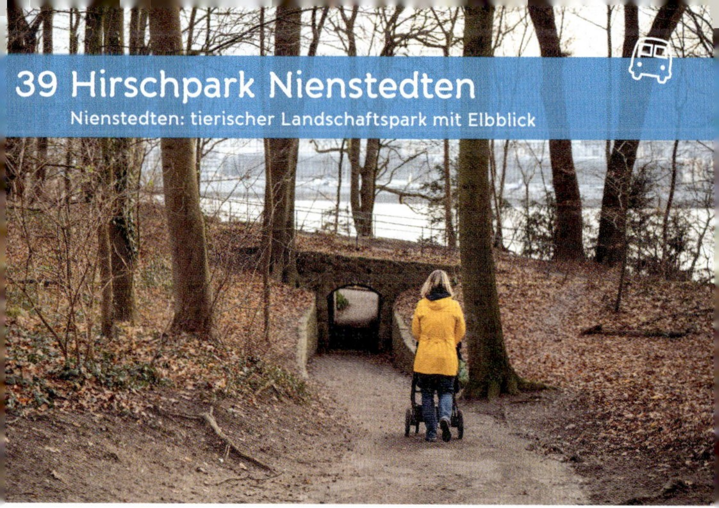

Kurzer Rundweg durch einen der schönsten Parks an der Elbchaussee. Im Landschaftspark des ehemaligen Kaufmannes Johann Caesar Godeffroy könnt ihr heute noch sein Landhaus sowie u.a. eine alte Lindenallee, imposante Bäume, einen Ententeich und ein großes Damwildgehege erleben. Ein paar der großen alten Bäume laden zum Klettern ein, die Kleinen vergnügen sich auf dem Spielplatz und am Wildgehege und die Erwachsenen können den wunderschönen Blick über die Elbe und das Airbusgelände genießen.

Wetter: Anforderung: Gesamtdauer: ¾ h

Anforderung: Leicht; ebener Weg; ausgebaute Waldwege, feine Kieswege.

Dauer: RW: ¾ h; 2 km.

Wetter: Zu jeder Jahreszeit möglich; 75 % Schatten.

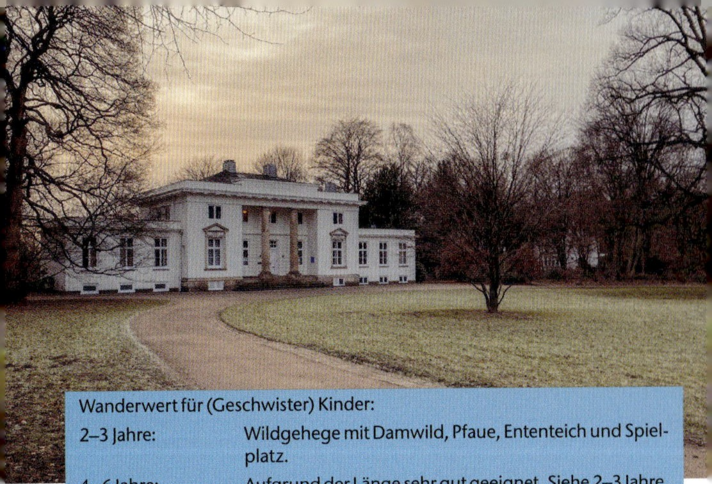

Wanderwert für (Geschwister) Kinder:	
2–3 Jahre:	Wildgehege mit Damwild, Pfaue, Ententeich und Spielplatz.
4–6 Jahre:	Aufgrund der Länge sehr gut geeignet. Siehe 2–3 Jahre.
Kinderfahrrad:	Ja.

Navi: 22587 Hamburg, Elbchaussee 499A.

Anfahrt: A7 Abfahrt Bahrenfeld, rechts auf die B431 Richtung Osdorf/Groß Flottbek. Nach 4,2 km links in die Isfeldstraße einbiegen. Die Elbchaussee überqueren, nach 200 m befindet sich links der Eingang in den Hirschpark und das Restaurant Witthüs.

Bus/Bahn: S1 Wedel dann mit Bus 588 bis Hst. „Gätgensstraße" (alle 120 min) oder Bus 22, 112, 286 bis Hst. „Mühlenberg".

Ausgangspunkt/P: AP ist das Restaurant Witthüs. Parkplätze gibt es in den umliegenden Straßen z.B. Gätgensstraße oder Pepers Diek.

Infos/Gaststätten: *Witthüs, tolles Café und Restaurant in einem alten Reetdachhaus, Tel. 040 860173, www.witthues.com.

Wegbeschreibung:

Nach dem Betreten des Hirschparks (Eingang an der Straße Mühlenberg) vor dem Restaurant Witthüs gleich rechts herum halten. Danach weiter bis zu einem Aussichtspunkt mit Holzbank. Dort zweigt links ein Weg in Richtung Spielplatz ab, davor dann rechts, und weiter gerade-

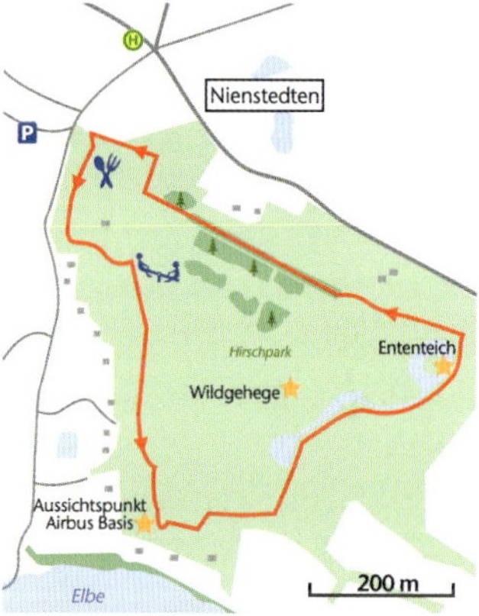

aus, bis ihr wieder leicht rechts abbiegt und unter einer kleinen Unterführung durchgeht. Der Weg bringt euch zum Aussichtspunkt über die Elbe und das Airbusgelände. Von dort haltet ihr euch leicht links, dann wieder rechts und noch einmal links Richtung Ententeich. Hinter dem Teich links dem breiten Hauptweg entlang des Wildgeheges und durch die Lindenallee wieder bis zum Restaurant Witthüs folgen.

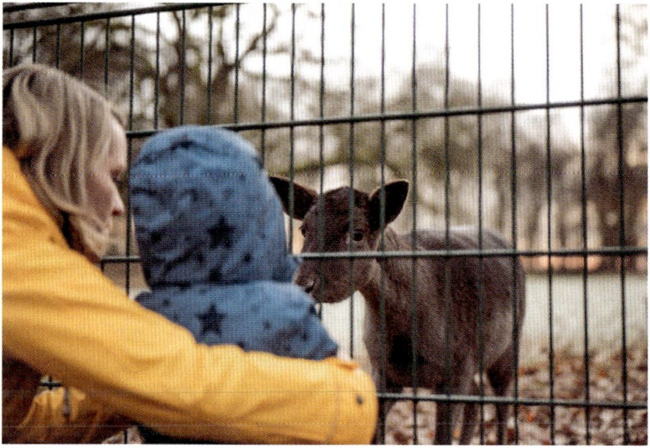

40 Tragetour: Wittenbergener Heide

Rissen: durch die Heide an den Strand

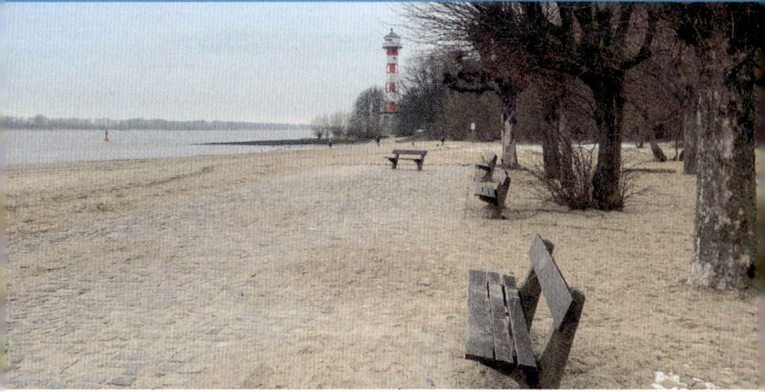

Hanseatisch und entspannt führt euch der Weg zunächst durch die Heide und schließlich steil bergab zum Strand. Sowohl vom Steilufer als auch vom Strand könnt ihr hervorragend die großen und kleinen Pötte auf der Elbe bestaunen. Im Sommer heißt es entspannen am Strand, Burgen bauen und im Wasser planschen. Baden ist hier auf eigene Gefahr erlaubt. Hinweis: Bei großen vorbeifahrenden Schiffen können Kleinkinder im seichten Wasser von den entstehenden Wellen schon einmal umgeworfen werden.

Wetter: Anforderung: Gesamtdauer: 1 h

Anforderung:	Mittel; zu Beginn Stufen und ein ansteigender Weg, später erneut eine lange Treppe hinunter; feste Sand- und Waldwege.
Dauer:	RW: 1 h; 2,5 km.
Wetter:	Typisches Wanderwetter, bei Regen und Schnee weniger geeignet, da der Weg bergauf sehr rutschig werden kann; 75 % Schatten.

Wanderwert für (Geschwister) Kinder:	
2–3 Jahre:	Kurzweilige Wegstrecke zwischen Wald und Heidelandschaft, herumbutschern auf der großen Sandbank, alter Leuchtturm, Pötte auf der Elbe gucken, am Strand Burgen bauen, Treibgut sammeln und Planschen.
4–6 Jahre:	Für laufbegeisterte Kinder geeignet, Steigung mit Stufen am Anfang und lange Treppe am Ende der Tour. Siehe 2–3 Jahre.
Kinderfahrrad:	Nein.

Navi: 22559 Hamburg, Rissener Ufer 27, Parkplatz beim ehemaligen Fährhaus.

Anfahrt: A7 Abfahrt Bahrenfeld, auf die B431 Richtung Wedel, vor Mechelnbusch beim Krankenhaus links in den Sülldorfer Brooksweg abbiegen. Die 2. Straße links in den Herwigredder und am Ende wieder links in den Wittenbergener Weg. Diesem immer folgen und vor dem Alten- und Pflegeheim Haus Wittenbergen rechts halten.

Bus/Bahn: S Rissen, dann mit Bus 388 bis Hst. „Rissener Ufer" (von hier kurz wieder bergauf gehen, dann links in den Elbhöhenweg. Nach ca. 6 min ist die Treppe erreicht, die nach unten zum Parkplatz führen würde, s. Wegbeschreibung).

Ausgangspunkt/P: AP ist der Parkplatz beim ehemaligen Fährhaus. Bei Anreise mit ÖPNV steigt ihr auf dem Elbhöhenweg in die Tour ein (siehe Wegbeschreibung).

Infos/Gaststätten: Gaststätten um den Bahnhof Rissen.

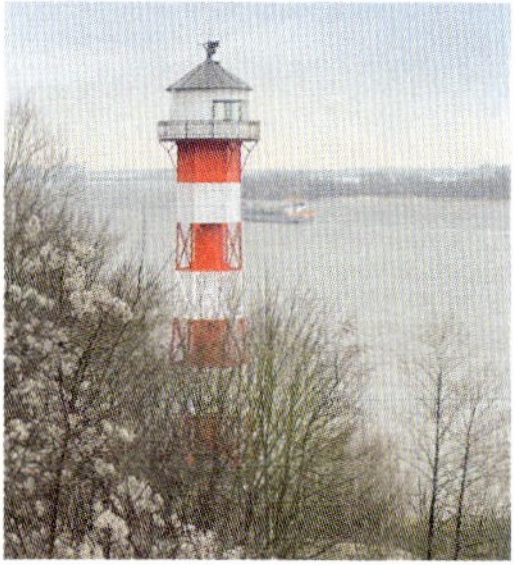

Wegbeschreibung: Die Wanderung startet beim Infoschild des Parkplatzes. Dort die Treppe hoch und dann links halten. (Hinweis: Die Treppe führt auf den Elbhöhenweg. Hier wäre der Einstieg in die Wanderung, wenn ihr mit ÖPNV anreist.) Beim Aussichtspunkt mit Holzbank dann rechts, über die nächste Wegkreuzung hinüber und dahinter leicht rechts abbiegen. Über eine Heidefläche führt euch der Weg wieder in den

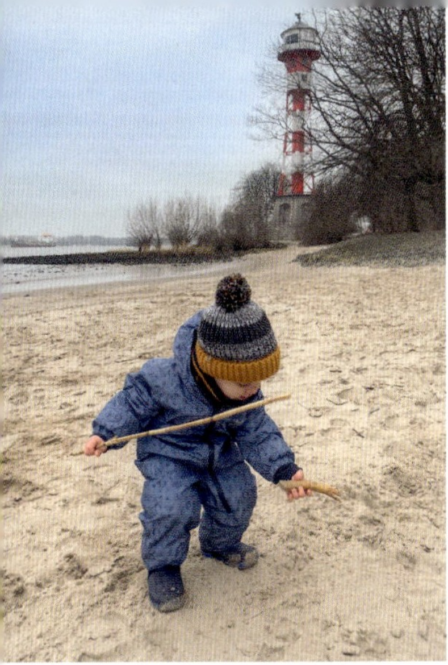

Wald. Dort an der zweiten Wegkreuzung links auf den breiten Hauptweg. Immer geradeaus und nach der großen Sandbank wieder links Richtung Elbe. Dem Weg immer am Naturschutzgebiet folgen bis zu einer Kehre. Hier links wieder in das Naturschutzgebiet hinein, dann leicht rechts halten. Am Aussichtspunkt vorbei (Achtung, Steilufer) und dann rechts die Treppen hinunter zum Leuchtturm nehmen. Unten links über den Strand oder den Weg zurück zum Ausgangspunkt.

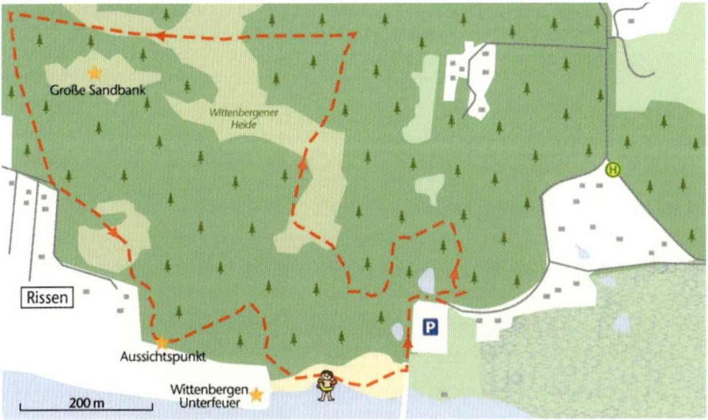

41 Schnaakenmoor & Klövensteen

Rissen: Erholung im Wald für die ganze Familie

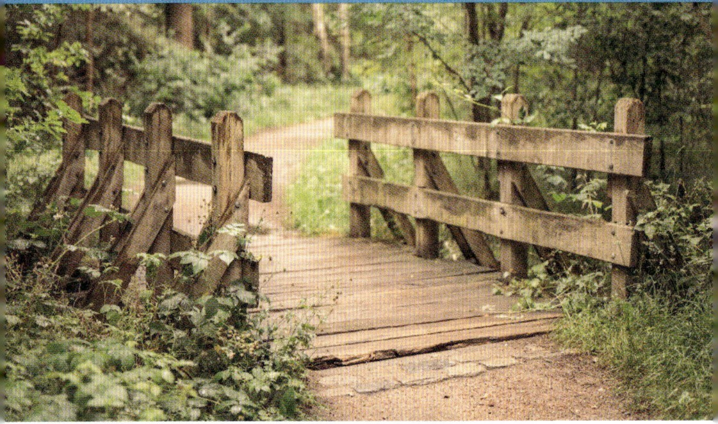

Die Wanderung führt durch das Wildgehege im Forst Klövensteen und das angrenzende Schnaakenmoor. Beide gehören zum Regionalpark Wedeler Au. Die Kinder freuen sich immer auf die zahlreichen Wildtiere und den großen Abenteuerspielplatz im Wald, auf dem sie sich so richtig austoben können. Übrigens bedeutet "Klövensteen" auf Plattdeutsch "gespaltener Stein", denn hier hat einer Legende nach der Teufel im Streit einen Findling mit einem Blitz gespalten. Teuflisch geht es heute nicht mehr zu, dafür aber erholsam und abwechslungsreich.

Wetter: Anforderung: Gesamtdauer: 1 ¼ h

Anforderung: Leicht; ebener Weg; Waldwanderwege.
Dauer: RW: 1 ¼ h; 3,6 km.
Wetter: Zu jeder Jahreszeit möglich, nach starkem Regen können die Wege matschig sein; 75 % Schatten.

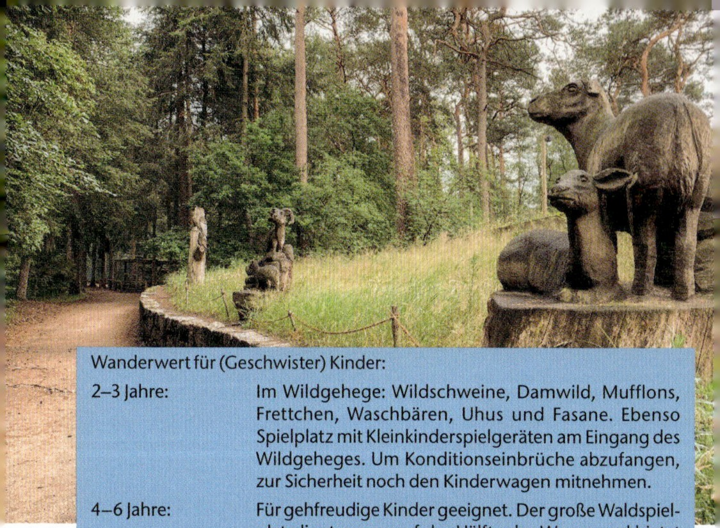

Wanderwert für (Geschwister) Kinder:

2–3 Jahre:	Im Wildgehege: Wildschweine, Damwild, Mufflons, Frettchen, Waschbären, Uhus und Fasane. Ebenso Spielplatz mit Kleinkinderspielgeräten am Eingang des Wildgeheges. Um Konditionseinbrüche abzufangen, zur Sicherheit noch den Kinderwagen mitnehmen.
4–6 Jahre:	Für gehfreudige Kinder geeignet. Der große Waldspielplatz liegt genau auf der Hälfte des Weges und bietet einen zusätzlichen Anreiz. Siehe 2–3 Jahre.
Kinderfahrrad:	Stellenweise schwierig, da grober Schotter und viele Baumwurzeln.

Navi: 22559 Hamburg, Wespenstieg, gegenüber dem Wildgehege Klövensteen.

Anfahrt: B431 Richtung Rissen. Hinter dem Bhf. Rissen rechts in den Sandmoorweg einbiegen und diesem bis zum Wildgehege folgen.

Bus/Bahn: Nicht zu empfehlen, da Bus-Hst. „Rüdigerau, (Kinder-Hospiz)“, Linie 388, zu weit entfernt (11 min Fußweg).

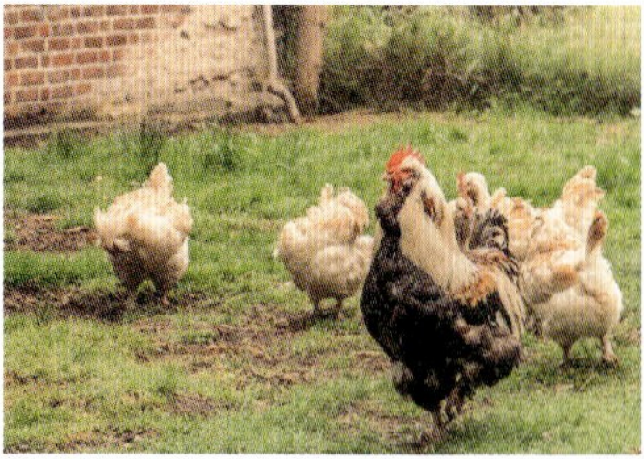

Ausgangspunkt/P: AP ist der Parkplatz gegenüber dem Wildgehege Klövensteen. Weitere Parkmöglichkeiten gibt es im Klövensteenweg, gegenüber dem Waldspielplatz.

Infos/Gaststätten: *Restaurant Kleine Waldschänke, saisonale Speisen in rustikaler Atmosphäre, Tel. 040 814792, www.kleine-waldschaenke-hamburg.de, Ruhetage: Mo–Mi.

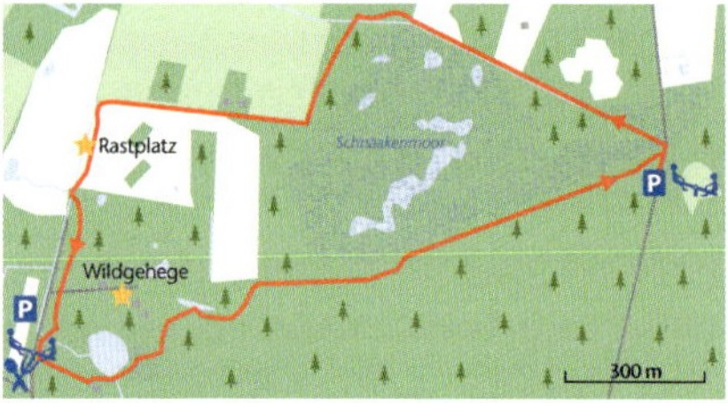

Wegbeschreibung: Der Weg führt beim Spielplatz zunächst durch das Wildgehege Klövensteen. Nach den Wildschweinen rechts am Damwildgehege vorbei geht's zu einem Ausgang. Danach dem Waldweg bis zur Straße Klövensteenweg folgen. Auf der anderen Straßenseite kommt ihr zum großen Waldspielplatz (ausgeschildert). Am Parkplatz links herum und der Ausschilderung Schnaakenmoor folgen. An der nächsten Weggabelung mit den zwei Sitzbänken dem gelben Pfeil mit „We“ (Wedel) weiter geradeaus folgen. Nun kommt ihr durch ein Waldstück. An der nächsten T-Kreuzung rechts in den Feldweg 85, dann links in den Sandmoorweg (hier den kleinen Weg neben der Straße wählen). Links geht‘s dann bei einem Gehege mit Hühnern, Gänsen und Wild vorbei. Weiter führt der Weg parallel zur Straße vorbei an einem Wetterpilz und zurück zum Ausgangspunkt.

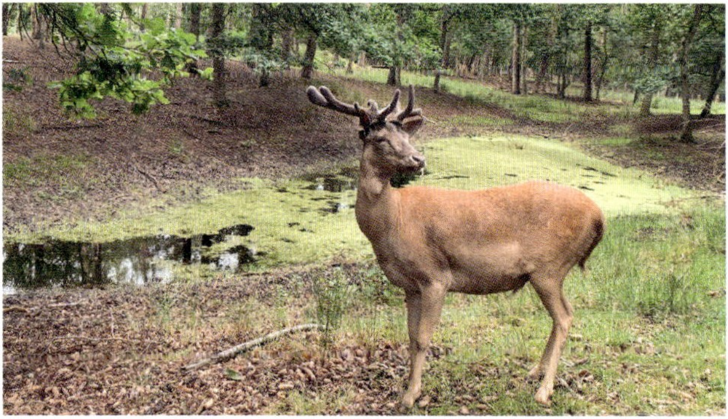

42 Wedel Willkomm Höft (SH)

Wedel: Schiffsbegrüßung und Elbuferwanderweg

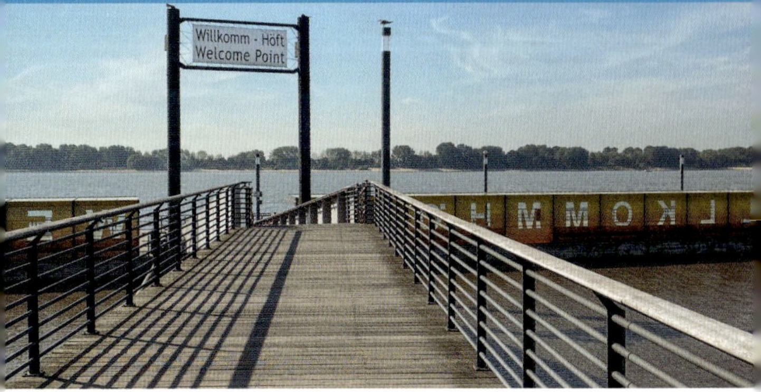

Dieser schöne Weg begeistert nicht nur die Erwachsenen mit fantastischen Ausblicken auf die Elbe, sondern auch die Lütten, die sich auf zwei Spielplätzen austoben oder am Strand spielen können. Für alle kleinen und großen Schiff-Fans ist die weltweit einmalige Schiffsbegrüßungsanlage beim Schulauer Fährhaus ein wahres Highlight. Mit Nationalhymne der Herkunftsländer und einem herzlichen „Willkommen" werden hier täglich mehr als 50 Schiffe über Lautsprecher begrüßt. Hinweis: Es ist eine Treppe mit 34 flachen Stufen zu überwinden.

Wetter: Anforderung: Gesamtdauer: 1 ¼ h

Anforderung: Mittel; Treppe mit 34 flachen Stufen (das ist zwar nicht barrierefrei, aber mit mittlerer Kondition auch mit Kinderwagen gut bewältigbar), größtenteils asphaltierte und feine Kieswege.

Dauer: Eine Strecke: nicht ganz ¾ h; 2 km.

Wetter: Typisches Wanderwetter; 25 % Schatten.

Wanderwert für (Geschwister) Kinder:	
2–3 Jahre:	Großer und schöner Spielplatz am Anfang und kleiner, etwas versteckter Spielplatz am Ende des Weges, Pötte gucken auf der Elbe, am Strand spielen.
4–6 Jahre:	Nur für lauffreudige Kinder zu empfehlen. Es gibt zahlreiche Bänke zum Pause machen am Elbwanderweg. Siehe 2–3 Jahre.
Kinderfahrrad:	Geeignet bis auf die 34 Stufen hinauf zum Elbwanderweg, hier müssten die Räder getragen werden. Am Wochenende viele Spaziergänger, daher bitte Rücksicht nehmen.

Navi: 22880 Wedel, Strandweg 3, Hafenmole Schulau.

Anfahrt: Von der B431 genau auf der Landesgrenze in die Industriestraße einbiegen, dann rechts in die Feldstraße. In Schulau links auf die Straße Galgenberg. Dieser immer geradeaus folgen bis zum Elbpark/Hafenmole Schulau.

Bus/Bahn: S1 Wedel, dann mit Bus 189 bis Hst. „Wedel, Elbstraße (Willkomm Höft)" von dort 6 min zu Fuß bis Hafenmole Schulau.

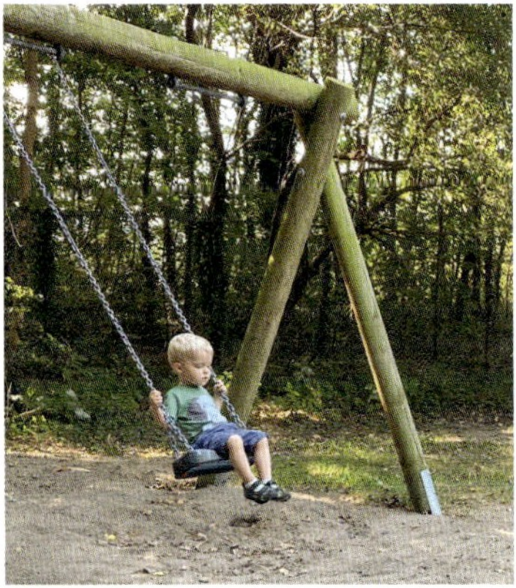

Ausgangspunkt/P: AP ist der Elbpark an der Hafenmole Schulau. Parkmöglichkeiten gibt es in der Straße Strandbaddamm, nördlich der Hafenmole.

Infos/Gaststätten: *28 GRAD Strandbad Wedel, Strandbar bei der Hafenmole, Tel. 040 228584820, www.28grad.com, in den Wintermonaten kein Betrieb. *Das NEUE Schulauer Fährhaus, Restaurant und Café bei der Schiffsbegrüßungsanlage, Tel. 04103 92000, www.schulauer-faehrhaus.de. *Info zu ein- und auslaufenden Schiffen auf www.hafenradar.de.

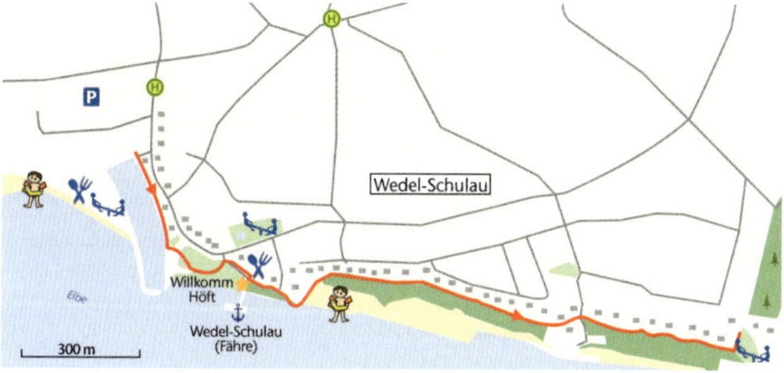

Wegbeschreibung: Am nördlichen Ende der Hafenmole habt ihr gleich die Gelegenheit, rechts Richtung Hakendamm und somit zum ersten Spielplatz zu kommen. Von der Hafenmole aus geht es durch den Elbpark zur Schiffsbegrüßungsanlage und weiter auf dem Wollgast-Weg entlang der Elbe. Der Schulauer Strand lädt hier zu einer Pause ein. Der Weg endet vor einer Treppe mit 34 Stufen. Der Aufstieg lohnt sich, denn oben gibt's einen fantastischen Ausblick auf die Elbe. Nun geht es einfach immer geradeaus, bis der Graf-Luckner-Weg vor dem Heizkraftwerk Wedel eine Linkskurve macht. Kurz nach der Kurve befindet sich der Spielplatz Hellgrund auf der rechten Seite etwas versteckt (Zugang über eine Wiese). Gleicher Rück- wie Hinweg.

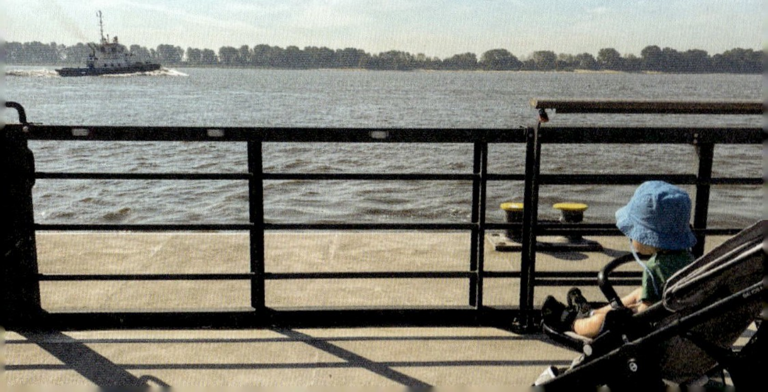

43 Wedeler Marsch (SH)

Hetlingen: auf dem Deich nach Fährmannssand

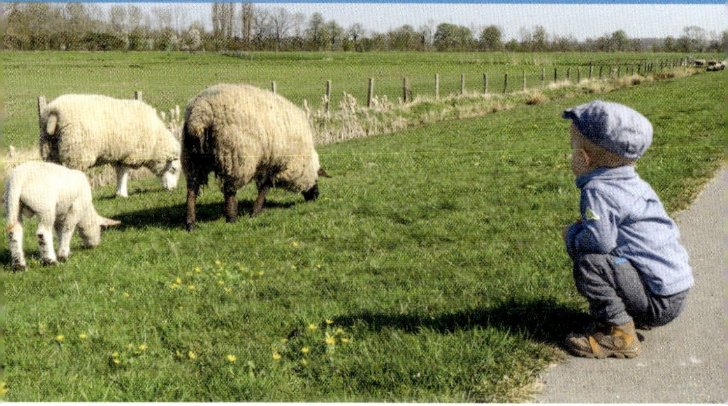

Die Wanderung verläuft wahlweise hinterm, auf oder vor dem Elbdeich von Hetlingen bis Fährmannssand und zurück. Begleitet werdet ihr von den besten Deichpflegern der Welt: Schafen! Am Anfang der Tour, die ideal für Lauf- und Fahrräder ist, könnt ihr im Wassererlebnisbereich eine Menge über den Wasserkreislauf in der Natur lernen. Da am Deich immer mit einer steife Brise zu rechnen ist, denkt an ein Tuch/einen Schal und Mütze. Alternativ könnt ihr die Wanderung auch von Fährmannssand beginnen.

Wetter: ○ Anforderung: ● Gesamtdauer: 2 h

Anforderung:	Technisch leicht, jedoch Länge beachten; ebener Weg; asphaltierte und gepflasterte Wege vor und hinter dem Deich.
Dauer:	Eine Strecke: 1 h; 3,5 km.
Wetter:	Im Frühjahr zur Lämmerzeit am schönsten; 0 % Schatten.

Wanderwert für (Geschwister) Kinder:	
2–3 Jahre:	Im Frühling Schafe mit Lämmern auf dem Deich, Ziegen, Schafe, Ponys und Esel bei der Landgaststätte Fährmannssand. Vor dem Deich lässt sich gut Treibgut sammeln. Da die Strecke für Kinder in diesem Alter lang ist, am besten nur einen Teilabschnitt gehen oder fahrbaren Untersatz mitnehmen.
4–6 Jahre:	Wassererlebnisbereich zum Wasserkreislauf in der Natur: Infotafeln, Teiche, regulierbare Stauwehre, Wasserrad, Vogelbeobachtungshütte. Bereich zum Rummatschen im Wasser. Siehe 2–3 Jahre.
Kinderfahrrad:	Ja. Der Weg hinter dem Deich ist ideal. An schönen Tagen, besonders an Wochenenden, viel Fahrradverkehr. Mit einem Kinderanhänger fürs Eltern-Fahrrad kann die Tour deutlich entspannter sein.

Navi: 25491 Hetlingen, Am Heuhafen (bei dem Klärwerk Hetlingen).

Anfahrt: A23 Abfahrt Pinneberg-Süd, links auf die Rellinger Straße, nach 3,6 km links in den Wedeler Weg Richtung Holm. In Holm auf die B431 und im Kreisverkehr 1. Ausfahrt Hetlinger Straße Richtung Hetlingen. Von der Hauptstraße links in die Schulstraße bis zum AP.

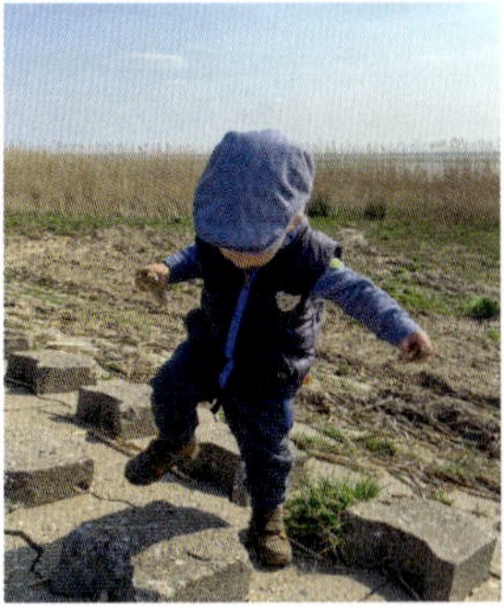

Bus/Bahn: Nicht zu empfehlen, da Bus-Hst. „Hetlingen, Eiche" relativ weit entfernt liegt (13 min Fußweg).

Ausgangspunkt/P: AP ist der Parkplatz Am Heuhafen, beim Klärwerk Hetlingen.

Infos/Gaststätten: *Wassererlebnisbereich Hetlingen, alles zum Thema Wasserkreislauf in der Natur, www.azv.sh. *Carl-Zeiss-Vogelstation, Infomaterial auch zum Download unter www.hamburg.nabu.de. *Fährmannssand, Landgaststätte & Café, Gehöft mit Schäferei direkt hinter dem Deich, Tel. 04103 2394, www.faehrmannssand.de, Ruhetage: Mo, Di.

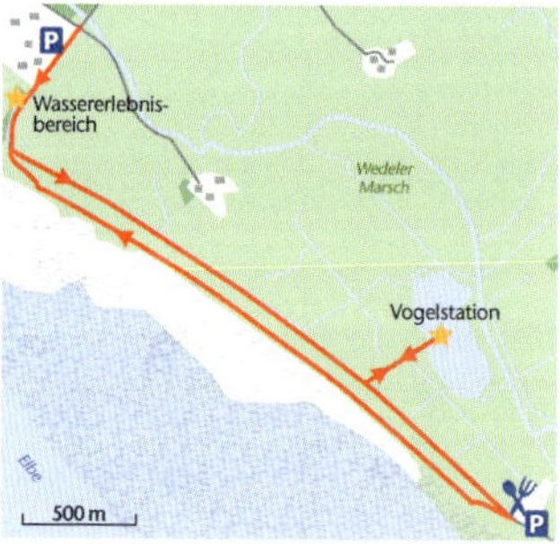

Wegbeschreibung: Die Wanderung startet vom Parkplatz in Richtung Elbdeich. Direkt neben dem Klärwerk bietet sich ein Abstecher zur Wassererlebniswelt an (ausgeschildert). Am Elbdeich links herum, hinter dem Deich entlang (für Nicht-„Nordlichter“: damit ist die Landseite gemeint;), bis nach ca. 25 Minuten links der Abzweiger der Carl-Zeiss-Vogelstation kommt. Nach weiteren 10 Minuten ist die Landgaststätte Fährmannssand erreicht. Den Rückweg könnt ihr auch vor dem Deich (Wasserseite) antreten.

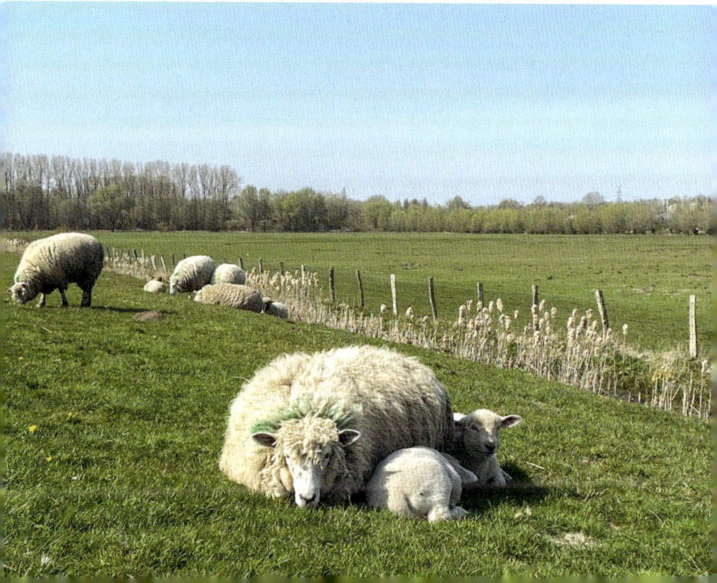

44 Haseldorfer Marsch (SH)

Haseldorf: Elbdeich und verträumter Obstgarten

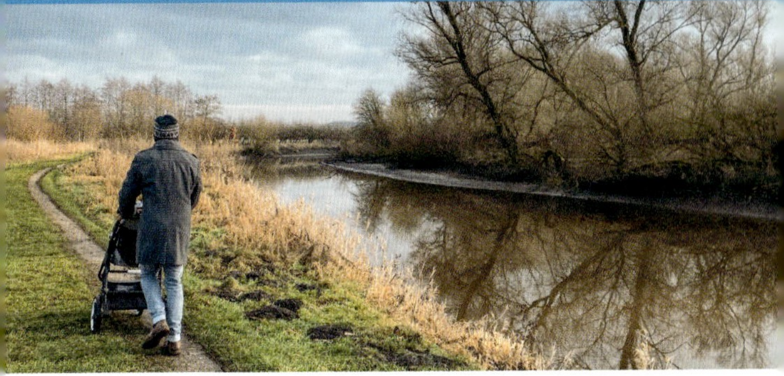

Vom Haseldorfer Hafen geht's, in Begleitung zahlreicher Schafe, am Deich entlang bis zum Vogelbeobachtungsturm des NABU in der Wedeler Marsch. Als krönenden Abschluss könnt ihr noch einen Abstecher in den Haseldorfer Obstgarten alter Sorten (Äpfel, Birnen,Pflaumen) machen. Picknickdecke mitnehmen, den „Horneburger Pfannkuchenapfel" genießen oder einmal in den „Prinz Albrecht v. Preußen" beißen, denn Mundraub ist erlaubt! Am Deich weht immer eine steifere Brise als im Binnenland, daher lieber ein leichtes Tuch/einen Schal und eine Mütze einstecken.

Wetter: Anforderung: Gesamtdauer: 1 ¼ h

Anforderung:	Leicht; ebener Weg; asphaltierte oder gepflasterte Wege. Zum Obstgarten 700 m breiter Wiesenweg.
Dauer:	Eine Strecke: nicht ganz ¾ h; 2,5 km.
Wetter:	Am besten im Frühjahr (Lämmer- und Apfelblütenzeit) oder im Spätsommer zur Apfelernte; 0 % Schatten.

Wanderwert für (Geschwister) Kinder:	
2–3 Jahre:	Die Schafe auf dem Deich sind Menschen gewöhnt und zutraulich. Zur Stärkung und Belohnung ein Picknick im Obstgarten machen und seltene Apfelsorten kosten.
4–6 Jahre:	Für Kinder in diesem Alter ist der Weg lang und wenig abwechslungsreich. Am besten mit dem Rad ausrücken. Vom hohen Beobachtungsturm des NABU lassen sich verschiedene Vögel im Schanzteich beobachten. Siehe 2–3 Jahre.
Kinderfahrrad:	Ja. Der Weg am Deich ist perfekt. Bei schönem Wetter und an Wochenenden herrscht allerdings reger Fahrradverkehr.

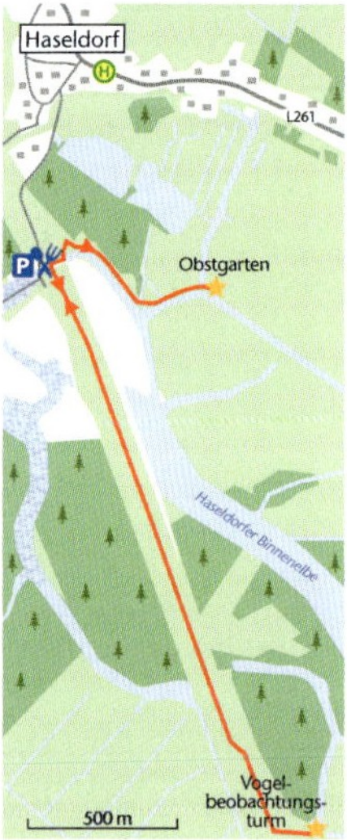

Navi: 25489 Haseldorf, Hafenstraße 2.

Anfahrt: Über die L103 Richtung Pinneberg, im Kreisverkehr am Rande des Gewerbegebietes 3. Ausfahrt Richtung Etz/Holm nehmen. Beim 2. Kreisverkehr die erste Ausfahrt nehmen. In Holm links auf die Hauptstraße (B431) abbiegen, im Kreisverkehr 1. Ausfahrt Richtung Hetlingen, weiter Richtung Haseldorf. In Haseldorf links auf Achtern Dörp, dann links in die Hafenstraße und der Ausschilderung zum Parkplatz folgen.

Bus/Bahn: S Wedel, dann mit Bus 589 bis Hst. „Haseldorf, Scholenfleth". Fußweg 11 min.

Ausgangspunkt/P: AP ist der Parkplatz am Sportboothafen Haseldorf.

Infos/Gaststätten: *Infos: Eine Übersicht der Lage der Obstbäume und Sorten findet ihr unter www.haseldorfer-marsch.de. *Haseldörper Rööckerkist, Imbisswagen mit Fischbrötchen und anderen Snacks, Tel. 04129 1272, Saisonbetrieb von Ostern bis Oktober.

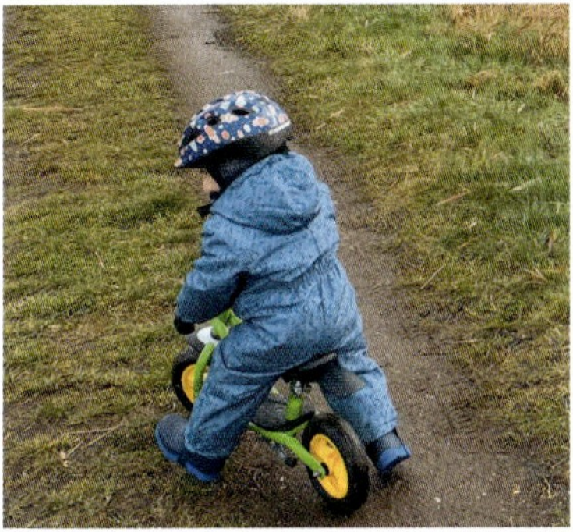

Wegbeschreibung: Vom Parkplatz am Hafen geht es Richtung Wedel, immer am Deich entlang (wahlweise hinter, also auf der Landseite, vor (Wasserseite) oder auf dem Deich). Ihr geht durch einen Weidezaun und erreicht wenig später einen asphaltierten Deichübergang. Kurz darauf zweigt hinter dem Deich ein Weg nach links zum Vogelbeobachtungsturm ab. Gleicher Rück- wie Hinweg. Abstecher: Der Weg zum Obstgarten alter Sorten ist ab dem Parkplatz am Hafen ausgeschildert. Er führt ca. 700 m entlang eines Seitenarmes der Haseldorfer Binnenelbe.

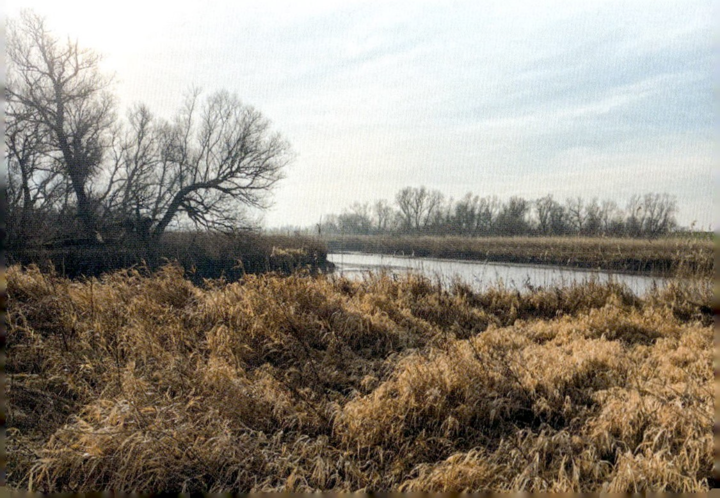

45 Tragetour: Holmer Sandberge (SH)

Holm: auf den größten Binnendünen Schleswig-Holsteins

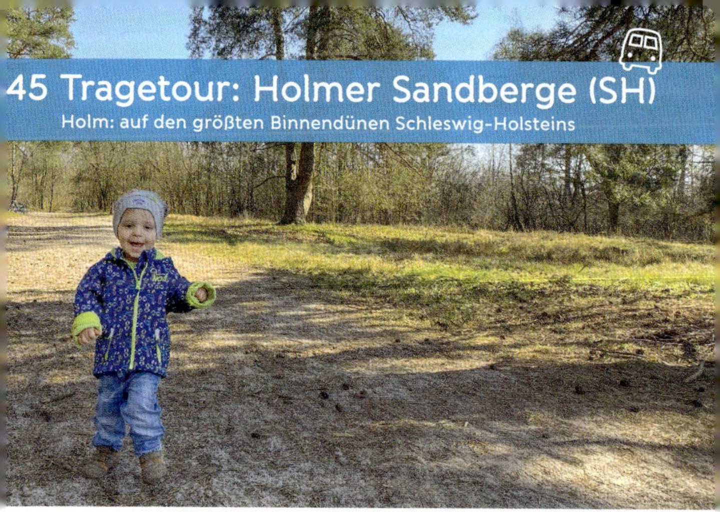

Durchatmen und abschalten könnt ihr in den Holmer Sanddünen, die zum Regionalpark Wedeler Au gehören. Der Weg führt entlang von Kiefernwäldern, über die Sanddünen hinweg und vorbei am Feuerlöschteich. Mit etwas Glück weiden dort in der Nähe die Galloway-Rinder. Für Kinder sind die Sanddünen ein großer Spaß und durch das Rauschen der Birken und Kiefern könnt ihr euch vorstellen, ihr wärt irgendwo in Südeuropa am Strand. Hinweis: Der Weg an den Dünen ist nur mit Trage möglich. Mit Kinderwagen könnt ihr nur den „Katastrophenweg" befahren, der aber auch Abzweiger zu den Dünen bereithält.

Wetter: Anforderung: Gesamtdauer: ¾–1 ¼ h

Anforderung: Mittel; leicht hügeliger Weg; zum Teil tieferer Sand im Dünenbereich, Wald-und Forstwege.

Dauer: RW: 1 ¼ h; 3,7 km. Kurze Variante (Abkürzung): ¾ h, 2 km.

Wetter: Am schönsten im Frühling und Sommer, grundsätzlich zu jeder Jahreszeit möglich; 50 % Schatten.

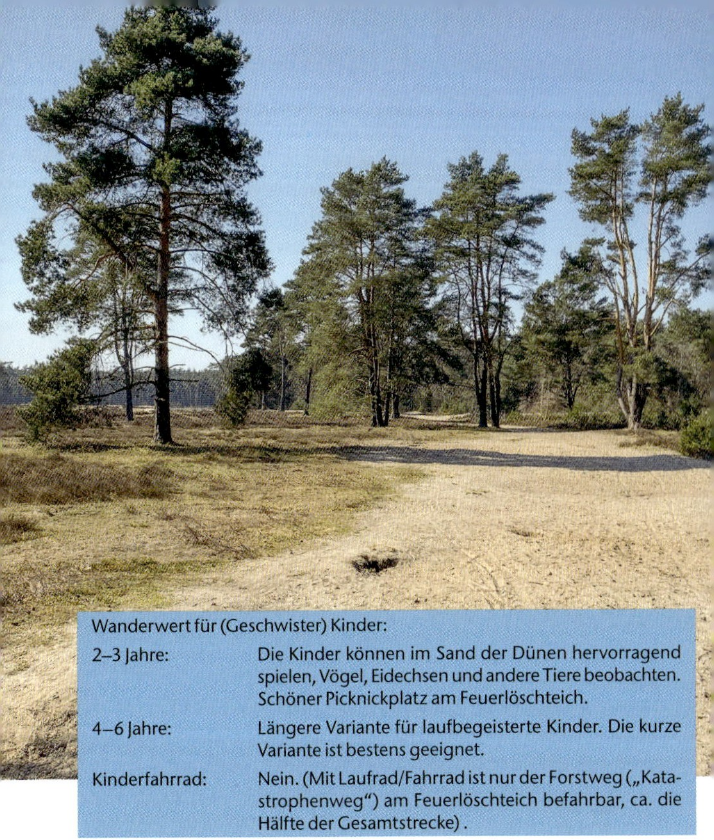

Wanderwert für (Geschwister) Kinder:

2–3 Jahre:	Die Kinder können im Sand der Dünen hervorragend spielen, Vögel, Eidechsen und andere Tiere beobachten. Schöner Picknickplatz am Feuerlöschteich.
4–6 Jahre:	Längere Variante für laufbegeisterte Kinder. Die kurze Variante ist bestens geeignet.
Kinderfahrrad:	Nein. (Mit Laufrad/Fahrrad ist nur der Forstweg („Katastrophenweg") am Feuerlöschteich befahrbar, ca. die Hälfte der Gesamtstrecke) .

Navi: 22880 Wedel, Parkplatz Holmer Sandberge, beim Eingang-Ost.

Anfahrt: A23 Abfahrt Pinneberg-Süd, links auf die Rellinger Straße, nach 3,6 km links in den Wedeler Weg Richtung Holm. Im Kreisverkehr die 2. Ausfahrt Richtung Etz/Holm nehmen. Beim nächsten Kreisverkehr 2. Ausfahrt Pinneberger Straße nehmen, dann rechts in den Eggernkamp einbiegen, Ausschilderung Wanderparkplatz Holmer Sandberge.

Bus/Bahn: S Wedel, dann weiter mit Bus 389 bis Hst. „Wedel, Fährenkamp", dann 7 min Fußweg zum AP.

Ausgangspunkt/P: AP ist der Eingang Ost an der Straße Eggernkamp.

Infos/Gaststätten: *Keine Gasthöfe entlang der Wegstrecke. *Info: Eine App bietet an versch. gekennzeichneten Stellen der Wanderung zusätzliche Informationen: www.entdeckerrouten.org. *Allgemeine Infos unter www.regionalpark-wedeler-au.de.

Wegbeschreibung: Der Weg führt zunächst an einem Kiefernwäldchen vorbei und erreicht dann die erste Sanddüne. Weiter geradeaus, bis das Ende der Düne erreicht ist. Hier leicht rechts in den Wald einbiegen. Hinweis: Hier teilt sich der Weg für die kurze Variante – siehe Wegbeschreibung unten. Der Weg führt am Waldrand entlang zur zweiten Dünenfläche. Immer geradeaus überquert ihr die Düne und erreicht erneut eine Waldfläche. Am Ende kommt ihr zur dritten Düne. Hier immer an der Sandfläche entlang halten, und über einen schmalen Pfad geht's zum „Katastrophenweg". Hier links herum, vorbei am Feuerlöschteich und zurück zum Ausgangspunkt.

Kurze Variante (Abkürzung): Für die kürzere Variante NICHT leicht rechts in den Wald einbiegen, sondern der Sandfläche bis zur gegenüberliegenden Seite der Düne folgen, hier einen der Pfade nach rechts wählen, dann links herum auf dem „Katastrophenweg" bis zum Ausgangspunkt zurück.

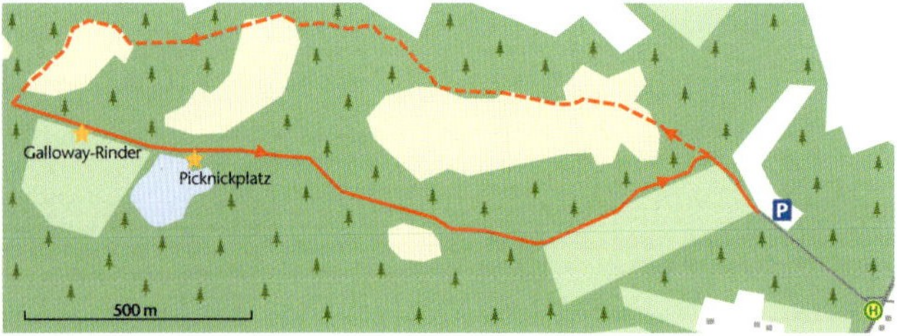

Quelle: http://dailyshotofcoffee.com/wp-content/uploads/2012/04/Fair-Trade-Coffee.jpg

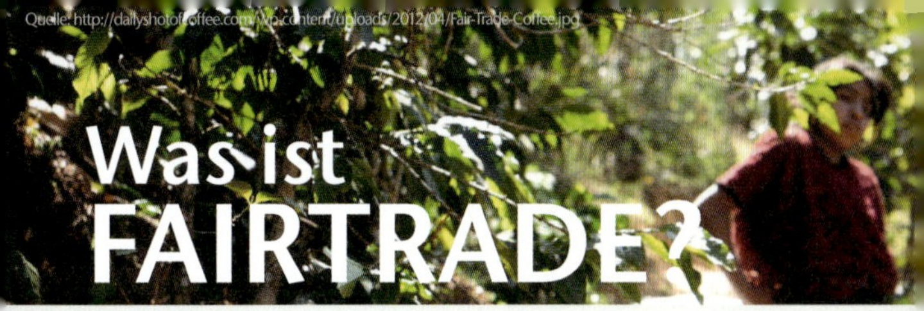

Was ist FAIRTRADE?

FAIRTRADE ist ein Verein zur Förderung des FAIREN Handels mit dem Süden. Nur wer sich an die strengen Auflagen hält, darf das FAIRTRADE-Siegel verwenden. Mitglieder des Vereins sind u.a.: Caritas, Katholische Jugendschaft, Evangelische Jugend, Grüne Bildungswerkstatt, Österr. Hochschülerschaft, PfadfinderInnen Österreichs, WWF-World Wide Fund for Nature und viele mehr.

WOFÜR STEHT DIESES FAIRTRADE-SIEGEL?

- Direkter Handel mit den ProduzentInnen und KleinbäuerInnen unter Ausschaltung der lokalen ZwischenhändlerInnen
- Dadurch FAIRE Preise für die ProduzentInnen & kontrollierter Warenfluss nach Europa
- Prämie für soziale & ökologische Entwicklung
- Gesetzliche Mindestlöhne & arbeitsrechtliche Mindeststandards
- Verbot von Kinderarbeit und sklavenähnlicher Zwangsarbeit
- Naturnahe & nachhaltige Anbaumethoden sowie Schutz des Regenwaldes
- Schutz natürlicher Gewässer & des Trinkwassers

FAIRTRADE
TRANSFAIR

Fairtrade
W.: www.fairtrade.net
W.: www.fairtrade.de
W.: www.fairtrade.at

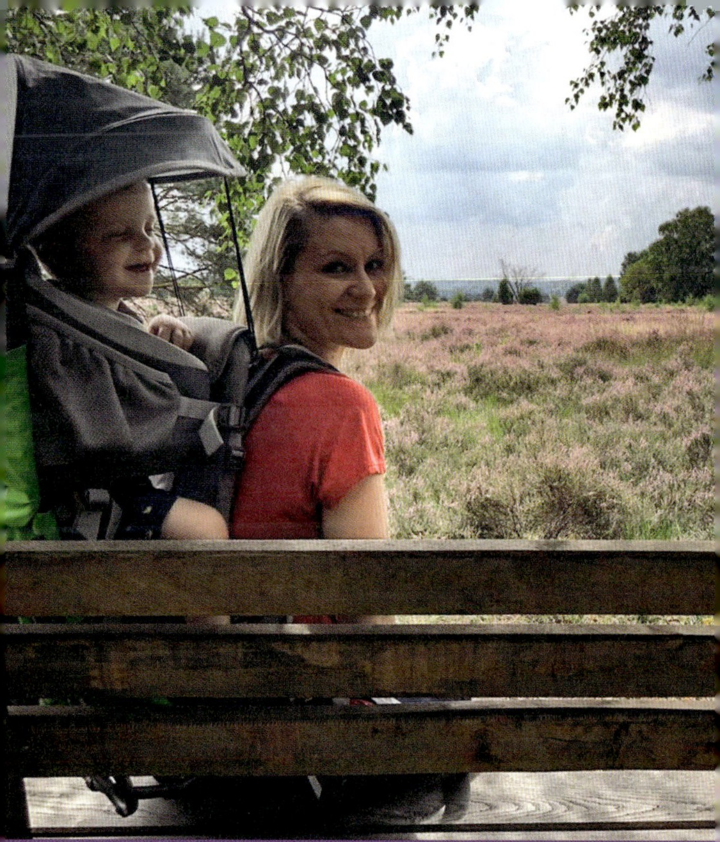

V. Lüneburger Heide

Folge uns auf Instagram: **wandaverlagtoptouren**

46 Büsenbachtal (NI)

Bei Handeloh: auf den Pferdekopf zum Schafstall

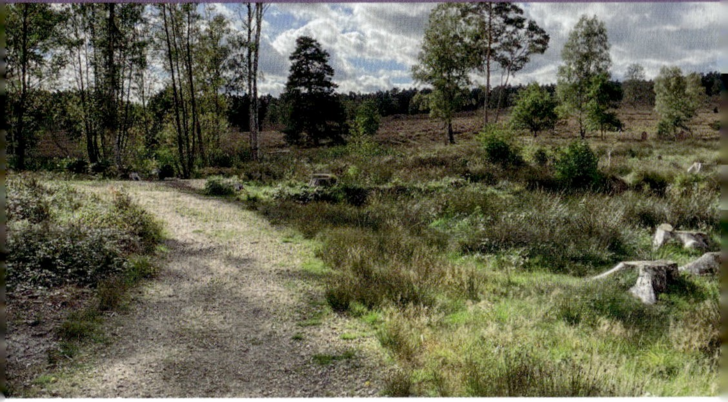

Kleine Heidewanderung durch das schöne Büsenbachtal in der Nähe von Handeloh. Der Weg ist abwechslungsreich und führt einmal auf den sogenannten Pferdekopf hinauf, von dem aus ihr einen tollen Rundblick habt, und wieder hinunter zu den hübschen Feenteichen. An warmen Sommertagen können die Kinder die Füße in den Büsenbach halten. Die Wanderung kann man sich prima im Café Schafstall ausklingen lassen. Hinweis: Mit Kinderwagen empfiehlt sich aufgrund der Wegbeschaffenheit eine Abkürzung (siehe Skizze).

Wetter: Anforderung: Gesamtdauer: 1 ¼ h

Anforderung: Mittel; leichte Steigung; Forstwege, feine Kies- und Sandwege. Geländegängiger Kinderwagen notwendig.

Dauer: RW: 1 ¼ h; 2,9 km.

Wetter: Zu jeder Jahreszeit möglich; zur Heideblüte (August–Sept.) am schönsten; 25 % Schatten.

Wanderwert für (Geschwister) Kinder:	
2–3 Jahre:	Wer mit Kinderwagen unterwegs ist, nimmt vom Pferdekopf aus die Abkürzung. Heidschnucken und Hütehunde, Libellen an den Teichen. Als Belohnung für alle lässt man sich im Garten des Café Schafstall verwöhnen, während sich die Kinder auf dem schönen Spielplatz austoben.
4–6 Jahre:	Für lauffreudige Kinder geeignet. Die Landschaft ist abwechslungsreich und es gibt Holzbänke zum Pause machen. Siehe 2–3 Jahre.
Kinderfahrrad:	Nein.

Navi: 21256 Handeloh, Wanderparkplatz Ecke Handeloher Straße/Am Büsenbach.

Anfahrt: A1 Abfahrt 44 Rade, dann links auf die B3 abbiegen und dieser bis Sprötze folgen. Im ersten Kreisverkehr 3. Ausfahrt Sprötzer Bahnhofstraße nehmen, im 2. Kreisverkehr die 1. Ausfahrt Kirchenallee nehmen. Dieser bis Holm-Seppensen folgen. Hinter den Bahngleisen rechts in den Niedersachsenweg. Vor Holm nach rechts den Abzweiger nach Wörme nehmen. Nach 1,5 km erreicht man den Wanderparkplatz.

Bus/Bahn: Regionalzug RB38 ab Bhf. Buchholz in der Nordheide bis Hst. „Büsenbachtal". Die Straße Am Büsenbach Richtung Handeloher Straße gehen. An der Kreuzung befindet sich der Wanderparkplatz (AP).

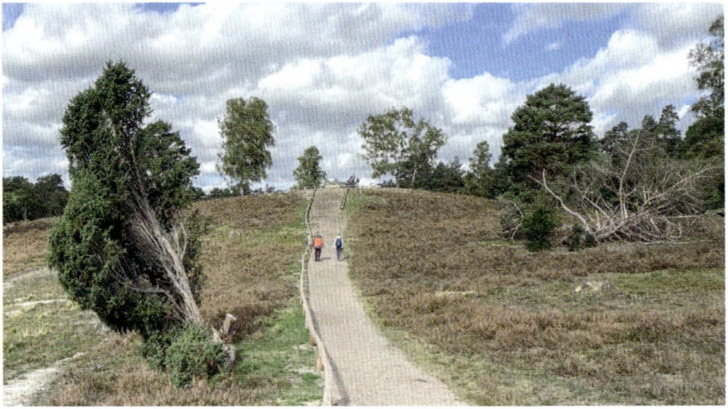

Ausgangspunkt/P: AP ist der Wanderparkplatz an der Handeloher Straße/Am Büsenbach.

Infos/Gaststätten: *Der Schafstall, saisonale deutsche Gerichte, toller Garten mit Spielplatz, Tel. 04187 1072, www.cafeschafstall.de.

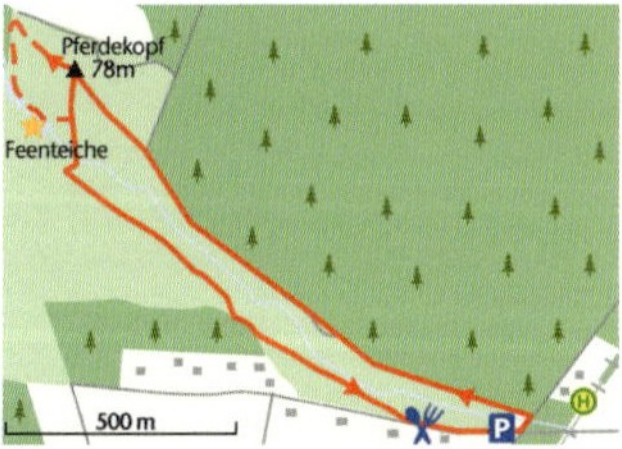

Wegbeschreibung: Vom Wanderparkplatz aus führt die Forststraße euch zunächst an einem Wald entlang. Dann die Forststraße verlassen und dem Wegweiser Richtung Pferdekopf folgen. Der Pfad führt euch nun mit einer leichten Steigung auf den Pferdekopf hinauf. Mit Kinderwagen geht ihr am besten links den Weg wieder hinunter. Mit Trage führt der Weg geradeaus, den Pferdekopf hinunter, dann links zu den Feenteichen. An den Teichen links halten, leicht bergan. Beim Mauerrest dann rechts halten, über den Holzsteg, und bei der Sitzbank und der großen Birke wieder links. Von hier nun immer geradeaus zurück zum Ausgangspunkt.

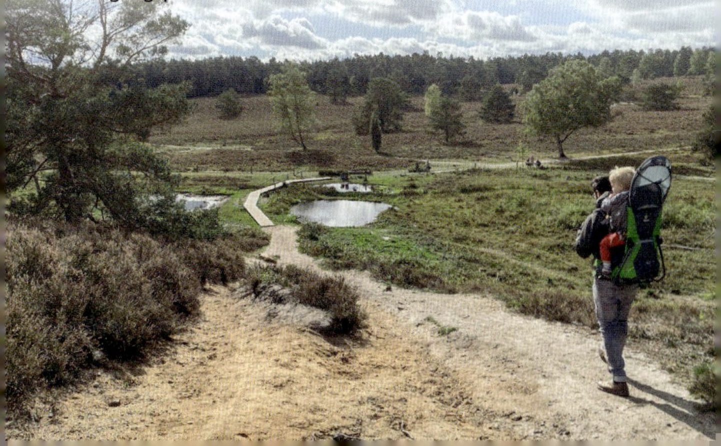

47 Planetenlehrpfad (NI)

Handeloh: mit Lichtgeschwindigkeit durch die Heide

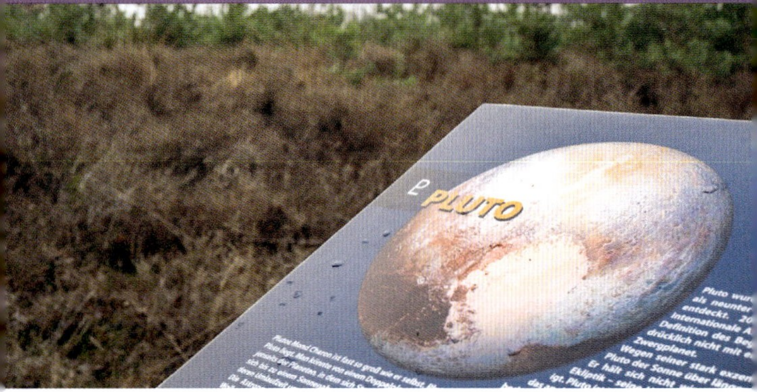

Mit 16-facher Lichtgeschwindigkeit wandert ihr auf diesem kurzen und einfachen Weg entlang eines Feldes, hinein in die Dröge Heide. Gleich zu Beginn des Weges ist die Sonne auf einem 3 m hohen Obelisken platziert. Von dort aus legt ihr pro Meter rund 5 Mio. Kilometer in unserem Sonnensystem zurück. Bei allen Planeten-Stationen gibt es jeweils Informationstafeln und Bilder. Zwischendurch gibt es zwei schöne Rastplätze zum Pause machen. Wer möchte, kann anschließend noch in der Dröge Heide weiter wandern.

Wetter: Anforderung: Gesamtdauer: 1 h

Anforderung:	Leicht; ebener Weg; bis zum vorletzten Planeten mit Betonplatten ausgelegter Weg. Danach für ca. 100 m fester Sandweg.
Dauer:	Eine Strecke: 30 Min.; pro Strecke 1,3 km.
Wetter:	Typisches Wanderwetter, windanfällig, der Weg ist nur einseitig durch Bäume geschützt; 25 % Schatten.

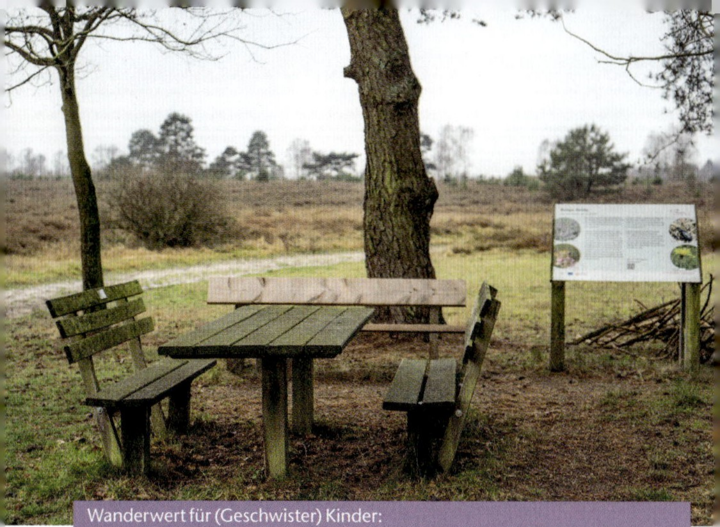

Wanderwert für (Geschwister) Kinder:	
2–3 Jahre:	Aufgrund der Länge und der Wegbeschaffenheit einfach zu laufen, allerdings nicht sehr abwechslungsreich.
4–6 Jahre:	Die Informationstafeln bieten viele interessante Infos für kleine Weltraumfans. Siehe 2–3 Jahre.
Kinderfahrrad:	Ja. Bis zum vorletzten Planeten bzw. bis zur Sitzbank sehr gut geeignet.

Navi: 21256 Handeloh, Hauptstraße zwischen den Hausnummern 2 und 6.

Anfahrt: A1 Abfahrt 44 (Rade), dann links auf die B3 bis nach Welle fahren. Dort links in die Handeloher Straße einbiegen und dieser für 2,2 km folgen. Der Planetenlehrpfad befindet sich an der Ecke Hauptstraße/Wörmer Str.

Bus/Bahn: RB38 (erixx) ab Buchholz (Nordheide) bis Bhf. Handeloh, von dort über Bahnhofstraße und Hauptstraße 12 min Fußweg (1 km). Von Mitte Juli bis Mitte Okt. hält auch der Heide-Shuttle (Ring 2) am Bhf. Handeloh.

Ausgangspunkt/P: Der AP liegt an der Ecke Hauptstraße/Wörmer Straße. Dort befindet sich auch ein Parkplatz sowie eine große Informationstafel zum Planetenlehrpfad.

Infos/Gaststätten: Es gibt leider keine Gaststätten, dafür aber zwei sehr schöne Picknickplätze.

Wegbeschreibung:

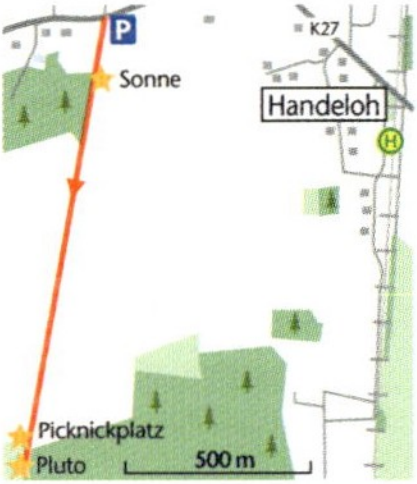

Vom Parkplatz aus führt euch der Weg auf befestigtem Untergrund entlang eines Feldes immer geradeaus. Etwa auf der Hälfte des Weges kommt ihr zu einer kleinen Raststelle an einem Biotop. Der Plattenweg endet an einer weiteren Raststelle mit tollem Ausblick in die Heidelandschaft. Von hier geht ihr noch ca. 100 m auf sandigem Untergrund entlang eines Kiefernwäldchens bis zum Planeten Pluto, bei dem der Lehrpfad endet. Von hier gleicher Rück- wie Hinweg. Wer den Weg verlängern möchte, geht am Ende des Lehrpfades weiter durch die Dröge Heide.

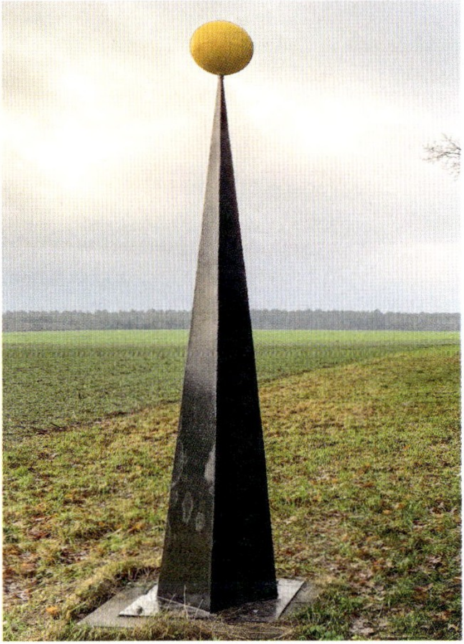

48 Walderlebnis Ehrhorn (NI)

Bei Schneverdingen: mit dem Ameisenlöwen durch den Wald

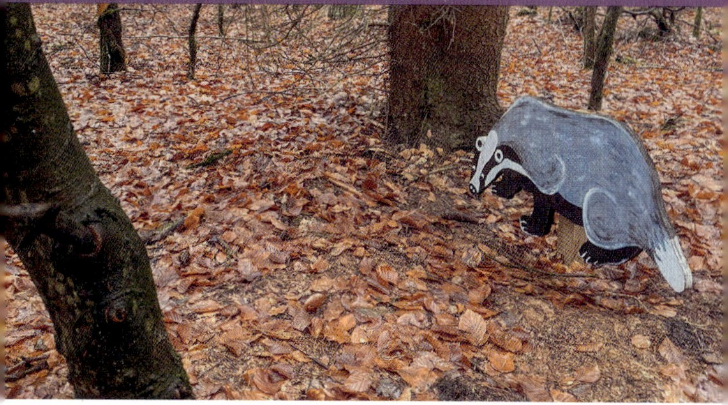

Liebevoll gestalteter Walderlebnispfad in Ehrhorn, bei dem man mit dem Ameisenlöwen WEZI spielerisch durch den Wald wandert. An insgesamt 18 Stationen gibt es Schautafeln, Skulpturen und Aufgaben sowie Spiele, mit denen man sein Wissen über den Wald und seine Bewohner testen kann. Wer kann so weit springen wie ein Feldhase? Und wer entdeckt den Dachs und das Wildschwein im Unterholz zuerst? Hier kommt garantiert keine Langeweile auf, denn der Rundweg bietet für alle Kinder (und Erwachsenen) viel Spaß.

Wetter: Anforderung: Gesamtdauer: 1 ¼ h

Anforderung:	Mittel; ebener Weg; Wald- und Forstwege.
Dauer:	RW: 1 ¼ h; 3,2 km.
Wetter:	Klassisches Wanderwetter, im Hochsommer bietet der Wald Schatten und ist angenehm kühl. Auch bei Nieselwetter möglich, nach heftigem Regen wird es aber sehr matschig; 75 % Schatten.